Sebastian Stranz

Bedingungslos glücklich

Der Anti-Erfolgsratgeber

Bibliografische Information
der Deutschen Nationalbibliothek:
Die Deutsche Nationalbibliothek verzeichnet diese Publikation
in der Deutschen Nationalbibliografie; detaillierte bibliografische
Daten sind im Internet über http://dnb.dnb.de abrufbar.

Herstellung und Verlag:
BoD – Books on Demand, Norderstedt
ISBN 9783752873757

Erwartet nichts mehr von der Welt.
Ihr habt den Reichtum bereits in euch.
aus einer Christus-Offenbarung

Inhalt

Einleitung

Ist jemand grundlos traurig,
findet er bestimmt jemanden, der ihn tröstet.
Ist jemand grundlos glücklich,
bekommen viele Angst und flüchten sich ins sichere Dunkle.
Thomas Holtbernd,
Theologe, Psychologe und Humorforscher

Grundlos glücklich zu sein, erscheint heute vielen als verdächtig. Man denkt nicht mehr unbedingt an ein Sonnenkind. Ein grundlos Glücklicher lässt manchmal Fragen aufkommen, welche Droge dieser Mensch nimmt, oder ob er von einer Sekte gehirngewaschen wurde. Es ist für uns nicht mehr selbstverständlich, dass ein Mensch grundlos glücklich ist. Denn diese Gesellschaft erwartet von uns, dass wir Erfolge vorweisen. Karriere, Haus, Auto und Segelboot, dazu eine „funktionierende" Partnerschaft mit Kindern und einem Partner, der einen liebt und das Gefühl von Familie, Heimat und Geborgenheit vermittelt. Da kann man im eigenen Leben nicht immer mithalten – und bei diesen Maßstäben, wie soll man denn da glücklich sein? Dazu kommen noch diese Erfolgsratgeber, die uns erklären, wie wir es lernen können, endlich zu einem zufriedenstellenden Leben zu finden: natürlich durch Erfolge...

Dann schaut man auf seine persönliche Erfolgsbilanz und ist nur umso deprimierter. Die bahnbrechenden Methoden dieser Bücher schicken uns aufs Neue auf die mühsame Jagd. Denn sie versprechen uns, nun, da wir sie kennen und anwenden, müsse ja der Erfolg endlich eintreten. Diese Erfolgsratgeber funktionieren nicht, solange wir nicht unsere Ängste, Zweifel und Blockaden bereinigen. Doch darüber hinaus stellen sie meist nicht die grundlegende Frage:

Sind unsere Ziele des Erfolgs wirklich sinnvoll?

Wird uns diese Jagd einmal wirklich glücklich machen?

In den ersten Auflagen dieses Buches habe ich den Leser noch mit „Sie" angeredet. Doch nun spüre ich immer mehr, dass es nicht mehr passt, nun muss ich ganz unwillkürlich das „Du" verwenden. Du hast Dir dieses Buch besorgt und aufgeschlagen und zeigst damit, wie wichtig Dir die wesentlichen Fragen sind. Vor den wesentlichen Fragen gibt es nur noch ein „Du", so wie es nur noch ein „Du" gibt, wenn man den Elementen ausgeliefert ist, in den Bergen oder auf dem Meer. Außerdem geht es hier um Dein ganz persönliches Leben.

Bist Du es müde, ständig erfolgreich sein zu müssen? Empfindest Du es auch, dass sich das Glück mit dem Erfolg nicht einstellt? – Oder dass es zu kurz ist? – Oder dass es einfach nicht kommt, weil wir ständig in der Erwartung auf den Erfolg leben, auf den wir hinarbeiten? – Oder dass es einfach sehr anstrengend ist, das Niveau des Erfolgs aufrechtzuerhalten, und dass sich dadurch das Glück in Ermüdung verwandelt?

Glaube nicht, dass ich etwas dagegen hätte, erfolgreich zu sein! Es ist eines der Ziele der Gesunden Lebensweise, mit der ich mich seit Jahrzehnten beschäftige. Ich habe ganz sicher nichts dagegen, mehr über die Gesetze des Erfolgs zu lernen, und mein Handeln so auszurichten, dass es effizient ist und gute Früchte hervorbringt. Die Frage ist nur, ob diese Gleichung stimmt: Erfolg = Glück?

In meinem eigenen bescheidenen Rahmen durfte ich gelegentlich das Glück des Erfolgs erleben, und das gibt doch einem im Leben eine gewisse Genugtuung. Aber es ist nichts gegen das Glück, das ich in der Meditation erleben darf.

Es ist etwas Wunderbares und Fantastisches, wenn sich durch regelmäßige Meditation die Erfahrung immer mehr vertieft, dass „das Glück" nicht etwas Äußeres ist. Das wahre Glück ist nicht die Folge irgendwelcher äußeren Konstellationen im Leben, die schwer herbeizuführen sind, oder die sogar im Unerreichbaren bleiben. Sondern das Glück ist tief in unserem eigenen Wesen angelegt, und muss durch Übung und Versenkung einfach nur aktiviert werden. Anders gesagt: Das Glück ist immer verfügbar und bedarf einfach nur des Trainings!

Die Erkenntnis, dass das Glück nicht etwas ist, was von mir selber getrennt ist, sondern was im Grunde das eigene Wesen ist, ist wie den Jackpot im Lotto zu knacken! Man hat den Jackpot des Lebens geknackt! Man hat zum großen Geheimnis unbegrenzten Reichtums gefunden! Auf der Jagd nach dem Erfolg wird man da gleich mal etwas entspannter.

Dann fragt man sich schon, weshalb man in dieser Gesellschaft nicht darüber aufgeklärt wird. Meditation ist doch nichts, was nur besonderen Menschen vorbehalten sein sollte: Erleuchtungssuchenden, die sich von dieser Welt zurückziehen wollen, oder Spitzenmanagern, die ihrem Burnout vorbeugen wollen. Meditation ist das Wesen eines jeden Menschen und sollte daher schon den Kindern in der Schule beigebracht werden. Wie soll denn ein Leben gelingen, wenn man das Glück an Orten sucht, wo es gar nicht ist? Wünschen wir unseren Kindern nicht ein gelingendes Leben?

Durch Meditation werden das Glückshormon Serotonin und schmerzstillende Endorphine freigesetzt. Unsere Wissenschaft bestätigt das, was der Ausübende der Meditation ohnehin weiß: Meditation macht glücklich!

Meditation ist der Schlüssel zum Glück – und zwar zu einem Glück, das nicht an äußere Konstellationen gebunden ist, wie etwa an einen gemeinsam erlebten Sonnenuntergang mit dem Traumpartner, oder an regelmäßige sexuelle Erfüllung, oder an eine eigene erfolgreiche Firma, oder an Haus und Wohlstand, oder an Macht und Ruhm, oder an die Anerkennung, die wir von anderen erhalten. Diese Art von Glück, von der dieses Buch handelt, ist nicht an irgendeine äußere Konstellation gebunden, es ist sozusagen das „pure" Glück.

So sollte das Buch auch zuerst heißen: „Pures Glück". Aber wie es so ist mit der deutschen Sprache: Die Bezeichnung ist zweideutig, und das Lesepublikum könnte bei „Pures Glück" an einen amüsanten Roman denken, wo es um einen Menschen geht, der vom Zufall begünstigt wird. In unserer oberflächlichen Gesellschaft gibt es einfach noch kein verbreitetes Paradigma für „Pures Glück" als die Essenz des Universums und aller Lebewesen. Die meisten Menschen würden den Begriff eher mit „einfach viel Dusel" übersetzen, mit „unverdiente Begünstigung vom Schicksal".

So ist es zum Titel „Bedingungslos glücklich" gekommen. Es geht darum, nicht nur Esoterik-Liebhaber anzusprechen, sondern alle Menschen, einfach aus der Überzeugung heraus, dass das Glück das Geburtsrecht eines jeden Menschen ist. Es handelt sich um eine philosophische Abhandlung. Aber es geht nicht darum, nur philosophische Gelehrte anzusprechen, die nach neuem Futter für ihren Intellekt suchen. Nach meinem Verständnis ist es der Sinn der Philosophie, im Leben angewandt zu werden, um dadurch zu einem glücklichen Leben zu finden. Darum richtet sich diese Philosophie an die Menschen, die sich nach dem Glück von Herzen sehnen – also alle!

Alle Menschen streben nach Glück – die meisten leider nur mit untauglichen Mitteln. Die Frage, die mich dabei fasziniert, ist, wie sähe es in der Welt aus, wenn immer mehr Menschen in ihren Bestrebungen nicht irre gehen und in die falsche Richtung laufen, sondern ihren Kurs korrigieren und wissen, dass die Quelle des Glücks in ihnen selber liegt? Das bringt das äußere Leben nicht zum Erliegen. Weiterhin werden wir Partnerschaften eingehen und Familien gründen und für unseren Wohlstand arbeiten und kämpfen und erfolgreich sein wollen. Und das ist gut so. Aber wenn die Mitte wieder hergestellt ist und das Leben wieder sein Zentrum gefunden hat, wird sich unser Leben dann nicht viel gelöster und freier entfalten?

Dieses Buch ist ein Plädoyer für die Meditation, aber es möchte keine Anleitung geben für eine Meditation. Ich selber arbeite mit einer selbsterfundenen Meditation, die sich als sehr kraftvoll und wirksam erwiesen hat[1]. Aber es gibt bestimmt nicht die eine Meditation, die für alle Menschen optimal ist – möge ein jeder seine Form der Meditation finden, wie sie zu ihm und zu seinem Leben und Denken passt. Wenn dieses Buch sein Ziel erreicht hat und etwas in Dir bewegt, möchte es Dich auf eine Reise schicken:

Auf die Suche nach Deiner ganz eigenen Form der Meditation. Probiere verschiedene Formen der Meditation aus und mache Deine eigenen Erfahrungen. Entwickle durch Ausprobieren und Vervollkommnung Deine eigene Art der Meditation wie ein Maler seinen Malstil entwickelt: Er bedarf zunächst einer Anleitung für das Malen, entwickelt aber irgendwann etwas ganz Eigenes daraus. Und sein Malstil muss nicht sein Leben lang gleich bleiben, er kann sich im Laufe seines Lebens immer wieder wandeln.

Dieses Buch ist ein Plädoyer für die Meditation und möchte die Essenz aller Religionen aufzeigen. Dieses Buch betrachtet allerdings Meditation gleichzeitig als unabhängig von jeder Religion und von jeder religiösen Überzeugung. Meditation soll einfach als grundlegende Lebensfunktion verdeutlicht werden, so wie körperliche Betätigung oder Essen oder Zähneputzen.

---

[1] Wer mehr darüber erfahren will, dem empfehle ich meine kleine Broschüre „Jahwes Ebenbild", enthalten im Band „Christus wiederentdecken", siehe Anhang.

Das Ziel der regelmäßigen Übung ist es, sich mit der inneren Kraftquelle zu verbinden. Es soll aufgezeigt werden: Es geht ohne die hergebrachten Formen der Religion, und es besteht keine Absicht, den Leser in eine dieser Richtungen zu drängen. Es soll aber auch aufgezeigt werden: Es geht nicht ohne Glauben. Meditation ergibt nur einen Sinn, wenn man an eine innere Kraftquelle glaubt, die einem Trost und Führung zu schenken vermag, durch die man in ein Erlebnis der Einheit mit der Welt zurückfinden kann, die also das Universum zusammenhält. Wie man für sich persönlich diese innere Kraftquelle nun nennt, ob Höheres Selbst oder Chi oder Schöpfergott – oder Steckdose, an der man seine Batterien aufladen kann – das bleibe einem jeden selbst überlassen.

Wichtig ist doch für unser Leben:

Diese innere Kraftquelle schenkt uns die Erfahrung von Glück.

Und diese Erfahrung wünsche ich allen Lesern!

„Glück hat Tück"

Glück hat Tück.
Deutsches Sprichwort

Glücklich ist nicht, wer andern so vorkommt,
sondern wer sich selbst dafür hält.
Lucius Annaeus Seneca

Es gibt keinen Weg zum Glück.
Glücklichsein ist der Weg.
Buddha

Glück ist ein Entschluss.
René Descartes,
französischer Philosoph und Mathematiker

Die meisten Menschen scheinen zu glauben, das Glück sei ein scheues Tier und es hinge vom Zufall ab, ob sich eine Gelegenheit böte, es einzufangen. Irgendwann beginnen die Menschen in ihrem Leben, zielstrebig auf ihr Glück hinzuarbeiten. Doch ihr Ziel ist nicht „das reinrassige Glück", sondern sie knüpfen das Glück an andere Dinge: an Besitz, an Wohlstand, an Stolz, an Lust, an Eitelkeit, an Ruhm, an Macht, an Reisen in ferne Länder, an partnerschaftliche Liebe...

Dieses „vermischte" Glück ist nicht nur kein vollkommenes Glück, sondern es ist auch ein bedingtes

Glück, ein abhängiges Glück, ein meistens ziemlich anstrengendes Glück, ein wieder verlierbares Glück, stets ein zeitlich begrenztes Glück, oft sogar nur ein kurzer Rausch.

Ist es nicht wie ein Einfangen des Regenbogens? – Mit größter Anstrengung erreicht man es, kurz davor zu stehen. Aber der Regenbogen weicht immer wieder zurück. Es will einfach nicht gelingen, näher an ihn heranzukommen. Trotzdem wollen wir von der Illusion nicht lassen, wir könnten den Regenbogen einmal einfangen. Wir wollen uns einfach nicht darauf einlassen, uns mit dem Glück zu beschäftigen, das uns doch längst gehört…

„Das reinrassige Glück" scheint eine sehr seltene Art zu sein, in unserer Gesellschaft sogar vom Aussterben bedroht – während es in anderen Gesellschaften durchaus noch allgemein bekannt zu sein scheint. Für viele ist das reinrassige Glück wie ein Tasmanischer Beutelwolf: Eine längst ausgestorbene Art, die einfach nicht mehr in unsere Zeit passt. Es wird von vereinzelten Sichtungen berichtet, aber es scheint eine Frage des Glaubens geworden zu sein, ob diese Art noch irgendwo überlebt haben soll oder nicht.

Schade, sehr schade, und darum ist dieses Buch geschrieben. Denn „das reinrassige Glück" ist immer verfügbar, es liegt im Menschen selbst. Es muss nur wieder aktiviert werden. Wir bedürfen nur der Anleitung für „Aufzucht und Pflege". „Aufzucht und Pflege" bedeuten einen Weg des Sich-nach-Innen-Wendens, für den man kein Mönch und keine Nonne sein oder werden muss.

Wenn wir uns nicht mehr mit minderwertigen Promenadenmischungen zufriedengeben und das Glück nicht mehr an unsere äußeren Ziele knüpfen, dann relativieren sich die äußeren Ziele. Unser Blick wird wieder frei auf das „Hier und Jetzt", dann beginnen wir erst zu leben! Es ist ein natürlicher Weg, der uns nicht der Welt entfremdet. Sondern dieser Weg führt den Menschen dahin, erst wirklich leistungsfähig in der Gegenwart zu leben und seine wahre Bestimmung zu erfüllen. Dabei genießt er das „reinrassige", das bedingungslose Glück: das einzige Glück, das sich nicht abnutzt und wieder verblasst, sondern das sich aufbaut und immer mehr verstärkt.

Die Hauptaufgabe des Menschen in seinem Erdenleben ist, zu lernen, wie man gesund und glücklich lebt. Nichts kann wichtiger sein, denn nach Wohlbefinden und Glück zu streben, ist ganz natürlich. Wohlbefinden und Glück ist unser wahres Wesen. Danach zu streben ist nicht egoistisch, jedenfalls nicht egoistisch in einem destruktiven Sinn. Es handelt sich um einen sehr gesunden Egoismus.

Doch obwohl wir in unserer Zeit „zum Glück" keine moralischen Bedenken mehr haben, nach persönlichem Wohlbefinden und persönlichem Glück zu streben, fühlen sich viele Menschen weit davon entfernt. „Aufklärung" und Wissenschaft stehen uns zur Seite, doch Gesundheit und Glück scheinen in unserer Gesellschaft eher die Ausnahme zu sein als die Regel. Wenn es eine Wissenschaft von der Gesundheit gibt, dann nicht auch eine „Wissenschaft vom Glück"? Müssen wir nicht ebenso bewusst danach streben, wie bei der Gesundheit, anstatt uns einem launischen „Schicksal" passiv auszuliefern?

Wir glauben, wir seien „aufgeklärt" – doch kann eine Aufklärung vollständig sein, wenn wir das eine nicht wissen: wie man glücklich wird? Inwieweit sind wir wirklich aufgeklärt, wenn uns doch irgendetwas Grundlegendes entgangen zu sein scheint? Im Kapitel „Aufklärung Teil 2" möchte ich auf diesen blinden Fleck hinweisen. Der Titel bezieht sich auf das Zeitalter der „Aufklärung" im 18. Jahrhundert. Wenn die Kirche dem Menschen Scheuklappen aufgesetzt hat, so wollte die „Aufklärung" im 18. Jahrhundert den Menschen davon befreien. Doch nach meiner Analyse wurde nur eine Scheuklappe entfernt, die andere besteht bei den meisten Menschen noch weiter... Was damit gemeint ist, enthülle ich in dem betreffenden Kapitel.

Wir setzen Gesundheit und Glück einfach voraus, als gegebenes Lebensrecht. Wir fühlen uns dann vom Schicksal benachteiligt, wenn Gesundheit und Glück ausbleiben oder uns entrissen werden. Doch wenn wir nicht bewusst danach streben, zu lernen, *wie* man gesund und glücklich lebt – weichen wir dann der Hauptaufgabe unseres Lebens nicht beharrlich aus?

Sollte nicht jeder Mensch ein Philosoph sein?

Immer mehr verbreitet sich das Bewusstsein dafür, dass Gesundheit kein Zufall ist, dass sie erarbeitet werden will, dass nicht ein böses Schicksal an unseren Krankheiten schuld ist, sondern Rauchen, Alkohol, falsche Ernährung, Bewegungsmangel und falsche Denkweisen. Immer mehr Menschen sind bereit, etwas an ihrem Leben zu ändern und über die Gesunde Lebensweise hinzuzulernen.

Doch was ist mit einem Menschen, der zwar gesund ist, aber nicht glücklich? Ihn wird die Gesundheit nicht erfüllen, und langfristig gesehen, wird er wohl auch nicht gesund bleiben. Letztlich ist wohl auch die körperliche Gesundheit nicht das Endziel, sondern sie ist nur ein Werkzeug, eine Grundlage, um „das Glück" zu erreichen. Hier liegt das letzte Ziel unseres Erdenlebens: im Glücklichsein.

Immer mehr verbreitet sich auch das Bewusstsein dafür, dass Erfolg kein Zufall ist, dass es Gesetze des Erfolgs gibt, die bewusst erlernt und angewendet werden wollen. So gelangen wir weg davon, über ein „böses Schicksal" zu klagen und gelangen dahin, selber Verantwortung für unser Leben zu übernehmen. Das sind ja schon mal gute Schritte, aber inwieweit macht der Erfolg wirklich glücklich? Können wir Erfolg und Glück wirklich einfach so gleichsetzen? Ist das nicht sehr oberflächlich gedacht?

Die Werte des „Erfolgs" – mein Haus, mein Auto, mein Segelboot – scheinen die wahren Werte zu sein. Die Gläubigen, an was auch immer, werden heutzutage oftmals belächelt. Sie gelten als die Verlierer, für die die handfesten „Erfolge" unerreichbar bleiben. Vermeintlich klammern sie sich deshalb an ihren Glauben, um sich einen schalen Ersatz zu schaffen.

Wenn es aber umgekehrt ist? – Im Glauben an den aus den Augen geratenen Tasmanischen Beutelwolf liegt das wahre Glück, und Haus, Auto und Segelboot sind nur der schale Ersatz?

Es gehört etwas Mut dazu, sich nach innen zu wenden und sich in der Meditation auf sich selber einzulassen. Das ist wie hinaus in die Wildnis zu gehen, um seine eigenen Sichtungen vom Tasmanischen Beutelwolf zu machen. Doch es lohnt sich, denn wie soll unsere Lebensphilosophie komplett sein, wenn wir nur an der Peripherie leben und dem Zentrum des Lebens – uns selbst! – ausweichen?

In diesem Buch geht es um „die Wissenschaft vom Glück". Es wird in der Meditation ein Werkzeug bereitgestellt, wie man Glück finden, aufziehen und es systematisch vermehren kann.

Und das alles völlig kostenlos...

Gesellschaftliche Auswirkungen der zügellosen Vermehrung des Glücks

Glückes Glück: Mitgeteiltes.
Michael Bussek

Das reinrassige Glück hat einen bedeutsamen Unterschied zu den verschiedenen Promenadenmischungen: Es möchte nicht für sich allein bleiben, es möchte sich vermehren! Außerdem ist ein Glück, das keinen äußeren Anlass oder Grund braucht, sowieso höchst ansteckend. Der Zeuge eines solchen Glücks hat keine Schutzmechanismen mehr, denn seine Vorwände und Ausreden, weshalb er ja nicht glücklich sein könne, taugen nichts mehr.

Wenn sich das private kostenlose Glück unbegrenzt vermehrt, dann kann das flächenbrandartige schwerwiegende Folgen haben. Es soll hier nicht verschwiegen werden, dass durchaus nicht alle davon profitieren. Es gibt durchaus Kräfte, denen daran gelegen ist, dass die Menschen sich in einem endlosen Kampf, getrieben von Begierden, Ängsten und Konkurrenz, aufreiben. Solche Menschen, die ihre Mitte und den Dreh- und Angelpunkt ihrer Energien und Bestrebungen nach außen verlegen, sind natürlich sehr viel komfortabler auszubeuten und zu steuern als Menschen, die „selbstbewusst" sind, in dem Sinne, dass sie ihrer Selbst bewusst sind. Menschen, die ihre Mitte in sich selber tragen, sind eine große Gefahr in einem System, in dem der Konkurrenzkampf um „das Glück" den Namen „Leistungsgesellschaft" trägt. In dieser Gesellschaft wird die Ankurbelung des Konsums und die Vermehrung des Geldes, sichtbar geworden im Bruttosozialprodukt, mit einer Vermehrung des Glücks gleichgesetzt. So befinden sich die Menschen durch ihre harte, aufreibende Berufstätigkeit in einem Wertschöpfungswettbewerb, der denen zugutekommt, die aus dem Nichts Geld erzeugen können: den Inhabern der Banken. Die ebenso unerhörte, obwohl eigentlich bekannte, Tatsache, dass die Banken aus dem Nichts Geld schöpfen können (sobald sie einen Kredit vergeben) wäre witzlos und würde den Inhabern der Banken nicht diesen unglaublichen Vorteil verschaffen – wenn nicht die Menschen durch ihr veräußerlichtes Glücksstreben in ihrem Wertschöpfungswettbewerb gefangen wären, wie ein Hamster in seinem Hamsterrad. Hierdurch entsteht ja erst der Gegenwert des Geldes.

Auch wenn der Lebensstandard gewachsen ist und ein kleiner Teil der arbeitenden Bevölkerung sogar in einer Form des Luxus lebt, so sind das doch immer nur die Krümel vom Kuchen. Der unglaubliche Stress, der in unserer heutigen Arbeitswelt herrscht, hängt ja offenbar mit dem Zinssystem zusammen – die Unternehmen und Betriebe können immer nur überleben, wenn sie auch ihre zinsbelasteten Kreditraten erwirtschaften. Diese Mehrbelastung wirkt sich aus in Personalmangel und Überstunden, in einem Mehr an Aufgaben, die jedem einzelnen aufgebürdet werden, und die seinen Arbeitstag von einer erfüllten freudvollen Tätigkeit zu einem stressbelasteten Rennen gegen die Zeit machen. Ein weiterer Grund für Stress und Überlastung ist, dass der soziale Bereich – entsprechend unserem Verständnis von Glück, viel zu kurz kommt. Trotz überbordender öffentlicher Kassen sind Kindergärten, Schulen, Krankenhäuser und Altenheime unterfinanziert. Durch unsere Ausrichtung auf materielle Güter sind Produktion und Innovation viel höher angesehen als Erziehung und Pflege, obwohl die Dienstleistungsberufe sehr viel mehr zu unserer tatsächlichen Lebensqualität beitragen.

Viele Arbeitnehmer kommen durch diesen Stress nicht mehr zur Ruhe und denken auch nachts noch an die Aufgaben, die liegengeblieben sind – und wie sie vielleicht doch noch zu schaffen sind. Ein ungeheurer Leistungsdruck wird von Oben nach Unten durchgereicht und trägt dazu bei, dass die Menschen gegeneinander aufgebracht werden – dass kleine Tyrannen und Sklaventreiber herangezüchtet werden, während sich bei vielen Untergebenen im System der Hass anstaut.

Die Berufstätigkeit ist dann nicht mehr ein Ort, um positive soziale Kontakte zu knüpfen. Geruhsame Pausen, in denen einfach einem sozialen Austausch nachgegangen wird, sind in den letzten zwei, drei Jahrzehnten immer mehr abgeschafft worden. In der Pflege ist es sogar so, dass jeder einzelne Handgriff extra berechnet (und dokumentiert) werden muss. Es ist, als müsste ein Tischler aufschlüsseln, er habe 28 Schrauben geschraubt, 4 Eckverbindungen gemacht und 2 Stunden, 25 Minuten mit Schleifen verbracht – anstatt einfach sagen zu können: Er habe einen Tisch montiert. Dieser unglaubliche Dokumentationsaufwand für jeden einzelnen Handgriff, der in der Pflege gefordert ist, geht aus einem bestimmten Zeitgeist hervor: Alles müsse höchst effizient sein, es dürfe keine Sekunde und keine Minute „verschwendet" werden.

Besonders bedenklich daran ist, dass die Neigung zur Zeitverschwendung offenbar eher den sozialen Berufen unterstellt wird als den produzierenden. Darin liegt eine unterschwellige Abwertung der sozialen Berufe. Ein großer Anteil der sozialen Tätigkeiten, das Mitmenschliche, ist nicht in festgefügten Kategorien zu bemessen, erfordert aber Zeit und trägt zur Qualität der Arbeit nicht unerheblich bei. Wo noch vor wenigen Jahrzehnten eine Putzkolonne für ein Altenheim zuständig war, die die Bewohner kannte und die auch mal in ihrem Pausenraum zusammen Kaffee trinken konnte – so ist heute der Reinigungsdienst in Altenheimen „outgesourcet": Die Reinigungskräfte haben mehrere Objekte zu bewältigen, zwischen denen sie, meist allein, hin- und herpendeln müssen und die so berechnet sind, dass „die Kostenstelle Mensch" optimal ausgeschöpft wird. All das führt dazu, dass man nicht mehr vom Rest des Tages am Ende der Arbeit spricht, sondern eher vom Rest der Arbeit am Ende des Arbeitstages.

Das Empfinden von Glück und Zufriedenheit im Berufsleben hängt zu einem großen Anteil davon ab, ob dem Mitmenschlichen auch Zeit eingeräumt wird. Eine auf Effizienz getrimmte Arbeitswelt wird zwar (vielleicht) unseren „Wohlstand" befördern – aber gleichzeitig unsere Lebensqualität eher schmälern!

Die Beziehungen zwischen Leitungskräften und Untergebenen werden durch den Arbeitsdruck belastet, für einen Aufbau von Beziehungen auf gleicher Ebene fehlt meistens einfach die Zeit. So ziehen sich die Menschen nach ihrem gehetzten Arbeitstag erschöpft in ihr privates Heim zurück und geraten immer mehr in soziale Isolation. Nur wenige finden noch die Kraft und die Disziplin, sich wirklich erholenden, ausgleichenden und aufbauenden Beschäftigungen zu widmen. Die meisten betäuben die Lücke in ihrem Leben, durch ungesunde Genussmittel, durch Süchte und durch elektronische Medien.

All das führt natürlich zu Krankheiten – und zur Grundkrankheit: dem Unglücklichsein. Depressionen gelten als Volkskrankheit. Wie ist das möglich, dass wir in einer solchen gehetzten Gesellschaft leben, die, trotz aller materiellen Vorteile, so weit von einem echten Lebensgenuss und positiven Lebensgefühl entfernt ist? – Wie ist es möglich, bei einer Wirtschaft, die seit Jahrzehnten immer nur gewachsen ist, und die es uns eigentlich ermöglichen müsste, zu einer komfortablen Work-Life-Balance zu finden? Es ist wohl deshalb möglich, weil es so gewollt ist, weil es ein System ist, das von bestimmten Nutznießern so eingerichtet wurde und aufrechterhalten wird.

Die Nutznießer dieses Systems stört es nicht, dass die Menschen unglücklich werden, solange sie ihrem Hamsterrad nicht entkommen. Es ist ihnen egal, ob sie wohlhabend oder notleidend sind, gesund oder krank. Ein Problem für sie gibt es aber in der Tat: Wenn die Menschen das wahre Glück endlich in sich selbst finden. Auf diese Weise könnte sich ein Ausweg aus dem Hamsterrad auftun. Natürlich bedeutet das auch in einer gewissen Weise einen

Konsumverzicht, zumindest eine innere Unabhängigkeit vom Konsumzwang.

Im südasiatischen Staat Bhutan hat man das „Bruttonationalglück" eingeführt, das durch regelmäßige Umfragen erhoben wird. Dabei geht es darum, den Erfolg der Arbeit in der Staatsführung durch eine Größe zu bemessen, die ganzheitlicher ist als das Augenmerk nur auf die Geldflüsse zu richten. Durch die Ausrichtung auf das Glück der Bevölkerung kommt es zu Maßnahmen, die auf gerechte Verteilung des Wohlstands und auf den Schutz der Umwelt abzielen.

So wie die Ausrichtung auf das Glück einen Einfluss nimmt auf das tatsächliche Handeln eines Staates, so nimmt sie auch unweigerlich Einfluss auf das Handeln des Individuums. Denn wie zu Anfang dieses Kapitels bereits erwähnt: Die „Promenadenmischungen" wollen das Glück einfach nur für sich genießen. Die „reinrassige" Art von Glück hat im Gegensatz dazu das überwältigende Bedürfnis, alle anderen Menschen ebenso glücklich zu machen! Das innere Glück verstärkt und vertieft sich, wenn man für den Mitmenschen da ist. So wird jeder einzelne, der zum Erlebnis des bedingungslosen Glücks in sich selber gefunden hat und darum ringt, es immer mehr zu festigen, zu einem „kleinen Bhutan" – zu einer Keimzelle von Anteilnahme, Freigiebigkeit und Hilfsbereitschaft.

Man könnte es als einen Abschied vom Egoismus bezeichnen, ich bezeichne es lieber als das Erwachen eines gesunden Egoismus. Denn der einzelne, der zum Erlebnis des bedingungslosen Glücks in sich selber gefunden hat und darum ringt, es immer mehr zu festigen, macht folgende Erfahrung:

- Sobald er sich wieder der alten Jagd nach dem Erfolg zuwendet, der Suche nach dem äußeren Glück, fühlt er sich vom bedingungslosen Glück wieder abgeschnitten. Es funktioniert einfach nicht mehr.

- Sobald er sich dem Gedanken zuwendet, sein Glücklichsein mit anderen zu teilen, stärkt er das bedingungslose Glück in sich und festigt es.

Dieses „Teilen des bedingungslosen Glücks" bedeutet in den wenigsten Fällen, Meditationskurse zu geben oder philosophische Abhandlungen zu schreiben. Es geht einfach um die Ausrichtung, den Mitmenschen zu dienen, durch was auch immer. Es geht darum, sich für andere einzusetzen und seinen Beitrag für die Gesellschaft zu leisten. Der gesunde Egoismus ist der wahre Altruismus.

Beim Helfersyndrom geht es darum, eine Anerkennung für sein „Gutsein" zu erhalten, wenn nicht von den Menschen, dann von den Engeln. Das bedeutet, es liegt ein Energiemangel zugrunde, der von außen behoben werden will. Beim wahren Altruismus geht es darum, das Erlebnis des inneren Glücks zu stärken und zu festigen. Dadurch wird man zu einem Kraftzentrum und einer Leuchte für die Mitwelt.

Ist daher nicht die Meditation der Schlüssel für den gesellschaftlichen Zusammenhalt, der heute so händeringend gesucht wird?

Werte und Weltbild

Niemand hat heute ein so vollkommenes Weltbild,
dass er alles verstehen und würdigen kann:
hab den Mut, zu sagen,
dass du von einer Sache nichts verstehst.
Kurt Tucholsky

Da „der Schlüssel zum Glück" in unserer Gesellschaft verlorengegangen scheint, fehlt ihr offenbar der grundlegendste aller Werte. Ist das nicht der Grund, weshalb unsere Werteordnung immer mehr zerfällt und zerbröselt, weil ihr der Kern fehlt, die zentrale Mitte? Wie soll denn irgendetwas funktionieren, wenn wir das eine nicht mehr wissen: Wie man zum Glück findet? Wir leben in einer Zeit, wo es uns von allen Seiten förmlich entgegen schreit: Wir benötigen eine Erneuerung unserer Werte, wir benötigen einen grundlegenden Wertewandel!

Die Umwelt schreit um Hilfe, der Klimawandel führt zur Ausbreitung der Wüsten und zum Versinken der ersten Inselstaaten, der elende Zustand der Tiere in der Massentierhaltung wird immer mehr Menschen bewusst, Folter und bewaffnete Konflikte haben seit dem Zweiten Weltkrieg nicht abgenommen, sondern zugenommen, die Religionen scheinen nicht zum Frieden und zur Liebe beizutragen, sondern zu Intoleranz, Hass und Terror... Die Arbeitslosen wissen nicht mehr, wofür sie sich um Arbeit bemühen sollen, die Ehen halten nicht mehr, die Kinder

tanzen den Eltern und Lehrern auf der Nase rum...
– Wo man auch hinschaut:

Wir benötigen einen grundlegenden Wertewandel!

Aber woher nehmen? Von den Kirchen? Aufklärung und ´68er haben uns beigebracht: „Unter den Talaren – Muff von tausend Jahren".

Und nun?

Dem fanatisierten Islam, der zurzeit seine hässlichste Fratze zeigt, haben wir zumeist keine christlichen Werte entgegenzusetzen. Alles, was uns einfällt, und worauf wir auch noch stolz sind, ist ein trotziges „Weiter so".

Nein, „Weiter so" ist bestimmt nicht die Antwort, die die Zeit von uns heute fordert! Es ist eben einfach nur das einzige, was uns einfällt. Wir meinen, wir dürfen uns ja nicht von ein paar Fanatikern unsere schöne liberale Gesellschaft kaputtmachen lassen...

Aber wenn wir mal ehrlich sind: So schön ist unsere Gesellschaft eben gar nicht mehr (siehe oben)... Und so überragend liberal leider auch nicht: Wir alle dürfen uns vom Glauben ablösen und uns weltanschaulich indifferent umhertreiben lassen. Doch sobald Menschen sich einem Glauben abseits der beiden Staatskirchen Evangelisch und Katholisch verschreiben, geraten sie sehr leicht ins Visier von „Weltanschauungsbeauftragten" und werden von ihren Mitmenschen als Sektenangehörige abgestempelt, als Partner oder Stellenbewerber abgelehnt, oder zumindest als Spinner belächelt. Und wenn Menschen einwandern, die ihren eigenen Glauben mitbringen, der in ihrem Leben eine wichtige Rolle spielt, dann lehnen wir das ab. – Weil es uns verunsichert?

Vielleicht sollten wir uns eingestehen, wir sind einfach nicht gebildet genug, um wirklich liberal zu sein: Was uns fremd ist, macht uns Angst und wird aus Selbstschutz erst einmal abgelehnt.

Kinder dürfen in der Öffentlichkeit nicht mehr geohrfeigt werden. Dass die Prügelstrafe geächtet wird, ist natürlich gut so und ein Fortschritt (was natürlich auch nicht im Mindesten dazu geführt hat, dass Kinder im Geheimen weniger geschlagen und misshandelt werden). Die Generation um die 50 kannte noch die Ohrfeigen und die Po-Klapser, die sich wie sengende Brandmale in ihre Seelen eingebrannt haben. – Nicht etwa, weil sie so schlimme körperliche Blessuren davongetragen haben. Sondern weil sie genau wussten, *wofür* sie geschlagen wurden, *was* sie eigentlich falsch gemacht hatten. Sie kannten noch ein Gefühl, dass heutzutage so unmodern erscheint: Scham.

Scham gilt heute als ein Hemmnis, als eine Blockade für unsere Entfaltung, für unsere „Selbstverwirklichung". Aber ist Scham nicht einfach ein Hinweis, dass es dem Menschen noch bewusst ist, was richtig und was falsch ist? – Ein Hinweis, dass es noch einen konsensualen Wertekodex gibt?

Ich bin ganz gewiss nicht für die Prügelstrafe. Darum geht es nicht. Aber ist die Schamlosigkeit, die heute zum allein übriggebliebenen Wert geworden zu sein scheint, nicht der Hinweis darauf, dass wir zu wahren „Werte-Invaliden" geworden sind?

Auf dem Gebiet der Werte sind wir Invaliden!

Kein Wort trifft es besser:

‚in' = un-, nicht; ‚vale', ‚valid' = wert, zahlungsfähig

Wir sind Werte-Invaliden!

Wir sind orientierungslos geworden. Die Kinder heute werden „zur Ordnung gerufen" oder sinnlos geschlagen und misshandelt. Beides vermag es nicht mehr, diesen Zustand der Scham herbeizuführen. Der vielleicht auch heilsam sein könnte. Weil der konsensuale Wertekodex fehlt. Die Erwachsenen haben ihn nicht, so können sie ihn den Kindern auch nicht vermitteln. So einfach ist das. Offenbarungseid.

Der Kaiser ist nackt. Die westliche Gesellschaft ist nicht mehr die Trotzburg der hohen Werte in einer zerfallenden Welt. Sie bildet es sich ein, sie versucht es darzustellen, aber sie ist es nicht nach innen, und daher schon gar nicht nach außen.

Die meisten wissen es: Wir benötigen einen Wertewandel, eine grundlegende Erneuerung unserer Werte. An einem Beispiel wird besonders deutlich, wie unfähig und verkrüppelt wir sind auf dem Gebiet, einen neuen Konsens der Werte herzustellen:

CO^2-Vermeidung, um den Klimawandel zu stoppen.

Die Hilflosigkeit, die sich in diesem Versuch ausdrückt, eine echte Wertestruktur durch ein angeblich modernes, zeitgemäßes und aufgeklärtes Weltbild zu ersetzen, ist schon rührend.

Die Verfechter des Ausstiegs aus dem Kohle-Bergbau meinen, es ginge darum, unsere Umwelt zu retten. Nichts ist weiter von der Wirklichkeit entfernt, wie es gleich aufgezeigt werden soll. Worum es in Wirklichkeit geht: Es handelt sich um einen rührend-hilflosen Versuch, unseren verlorengegangenen konsensualen Wertekodex neu zu erfinden. Eine neue Definition für Gut und Böse aufzustellen. Nicht anders ist es zu erklären, dass ein Weltbild, das so wissenschaftsfern ist, mit einer so großen Ernsthaftigkeit von den Honoratioren unserer Gesellschaft und von prominenten Umweltaktivisten verfochten wird.

Ich werde hier nicht hundert Tabellen und tausend Werte anführen, um das Weltbild der Treibhausgas-Verfechter zu demontieren, die meinen, sie könnten mit ihren Kampagnen die Eisbären retten. Man kann sich viel streiten, und die Sache endlos hoch- und runterrechnen. Ich möchte hier nicht unnötig Deine Zeit verschwenden. Ich habe hier in der Hand nur ZWEI ganz kleine einfache Zahlen:

Wie hoch, meinst Du, ist der Anteil des Kohlendioxids an der Entstehung der Klimaerwärmung unter den verschiedenen Treibhausgasen? (vorausgesetzt, das Konzept der „Treibhausgase" wäre wissenschaftlich korrekt)

- Es sind: 12 Prozent[2].

Wie hoch, meinst Du, ist der Anteil des menschgemachten Kohlendioxid-Eintrags am gesamten Kohlendioxid-Eintrag?

- Es sind 5 Prozent[2] (30 Gigatonnen im Jahr gegenüber 600 Gigatonnen aus Vulkanen und Erdspalten).

Wenn jemand andere Zahlen als Antworten auf diese zwei Fragen hat, dann bin ich gerne offen dafür.

Das heißt: der Anteil des menschgeschaffenen Kohlendioxid-Eintrags am Klimawandel beträgt:

6 Promille.
(einfache Rechnung: 12 Prozent mal 5 Prozent)

Das heißt: Selbst wenn der Mensch seine *gesamten* CO_2-Emissionen aus Industrie und Verkehr *sofort einstellen* würde, ergäbe das einen Anteil der Auswirkung auf die Klimaerwärmung von:

6 Promille.

Weder leugne ich die Klimaerwärmung noch denb menschgemachten Anteil daran. Ich will nur darstellen, dass CO_2 nun gerade die Stellschraube ist, mit der wir am wenigsten ausrichten können. Selbst wenn die Zahlen als

---

[2] „raum & zeit", 147/2007, Seiten 10-20, „Der CO2-Bluff" von Dipl.-Physiker Detlef Scholz, Wolfratshausen

Antworten auf die zwei Fragen abweichen sollten, so bleibt am Ende doch unverrückbar stehen: Der menschgemachte Anteil am Klima durch CO_2-Ausstoß kann immer nur ein verschwindend kleiner Bruchteil sein an den verschiedenen Klimafaktoren.

Halten wir dafür unsere Klimakonferenzen ab, wurde dafür das Pariser Abkommen von 2015 aufgestellt?

Glaubst Du das wirklich?

Nein, es geht um etwas ganz anderes.

Es geht darum,

- dass wir uns in einer orientierungslosen Zeit endlich wieder Ziele setzen,

- dass wir uns in einer orientierungslosen Zeit endlich wieder eine Definition von Gut und Böse erarbeiten,

- dass wir uns in einer orientierungslosen Zeit endlich wieder Werte schaffen, die die Gesellschaft zusammenhalten.

Wo wir schon einmal dabei sind:

Mit unserem Weltbild stimmt etwas nicht!

Es wurde uns beigebracht, die Erde wäre eine Kugel mit einem Umfang von 40.000 Kilometern. Sie drehe sich um sich selbst und die Drehachse gehe durch die Pole. Durch diese Drehung entstünde Tag und Nacht. So, so.

Warum stellen wir eigentlich nicht mehr die einfachsten Fragen? Zum Beispiel, wie viele Stundenkilometer sind 40.000 Kilometer in 24 Stunden, also wieviel ist 40.000 geteilt durch 24? Es sind 1.666,67 Stundenkilometer, also weit *über der Schallgeschwindigkeit* von 1.235 Stundenkilometern! Jeder Punkt am Äquator bewegt sich angeblich mit 1.666,67 Stundenkilometern! Müsste da nicht das Wasser durch die enorme Zentrifugalkraft zum Äquator wandern und dort eine enorme Ausbuchtung bilden, so dass alles Land im Äquatorbereich überschwemmt wäre? Müsste dann nicht, allein durch das Wasser, die Erde die Gestalt einer Linse haben? Müsste nicht zumindest jeder Mensch am Äquator durch die Zentrifugalkraft ein paar Kilo leichter sein gegenüber den gemäßigten und polaren Regionen? Warum sollen denn unsere Naturgesetze in bezug auf unseren Heimatplaneten auf einmal nicht mehr gelten?

Einfache Fragen, auf die ich noch keine Antworten habe. Ich will mich auch gar nicht festlegen, ich will nur verdeutlichen, dass das derzeit gängige Weltbild mehr durch Dogmen geprägt ist als durch Naturwissenschaft. Leider halten die „Flat-Earthers" ebenso an Dogmen fest. Warum muss denn die angebliche Scheibenform der Erde daran gekoppelt sein, dass die Gravitation geleugnet wird? Und warum muss es denn nur die Möglichkeiten Kugel und Scheibe geben – warum kann es denn nicht auch eine Zwischenform sein, wie die Linse? Dann wäre eine leichte Krümmung der Erdoberfläche immer noch gegeben, aber nicht so stark wie bei einer Kugel.

– Der Wahrheit auf die Spur kommen kann man sicherlich nur dann, wenn man mal die Dogmen außen vor lässt.

Offenbar ist unser Weltbild, die Erde wäre eine Kugel, nicht auf Naturgesetzen gegründet, sondern auch einfach nur ein Glaube. Das heißt nicht, dass dieser Glaube falsch sein muss. Das heißt nur, dass die Frage nach einer verbindlichen Wahrheit offen bleiben muss – solange bis alle Zusammenhänge bekannt sind und nachvollziehbar offengelegt werden!

Viele Argumente der sogenannten „Flat-Earthers" lassen sich leicht widerlegen. Andere jedoch bringen schon zum Nachdenken.

Viele Flugrouten zwischen zwei Flughäfen auf der Südhalbkugel machen einen „Tankstopp" auf der Nordhalbkugel! Warum geht ein Flug von Perth/Australien nach Kapstadt/Südafrika ausgerechnet über Doha/Katar (Halbinsel am Persischen Golf)??? Weder als Tankstopp noch als Umsteigeflughafen lässt sich das rechtfertigen – es sei denn Doha/Katar läge halbwegs auf der Strecke. Einfach mal auf dem Globus nachschauen – oder die Strecke mal nachvollziehen auf einer Karte, die dem Logo der Uno entspricht: Es stellt interessanterweise eine flache Erde dar!

Warum gibt es keine Flugrouten über die Antarktis – auch da nicht, wo es bei einem globalen Erdmodell die kürzeste Strecke wäre (die Kälte, in der man nicht fliegen könne oder angebliche Umsteigemöglichkeiten können hier leicht als Ausreden erkannt werden).

Warum gibt es bis heute noch keine erste Erdumrundung im Flugzeug über die Pole?

Warum werden sämtliche Raummissionen – ob bemannt oder unbemannt – mit senkrecht startenden Raketen ins All befördert? Wäre es auf einer runden Erde nicht viel ungefährlicher und energiesparender, mit einem speziellen Flugzeug auf Tragflächen einfach geradeaus zu fliegen? Der Geradeausflug müsste von ganz alleine ins Weltall führen, wo die Atmosphäre zu Ende ist. Erst dann müssten die Raketentriebwerke gezündet werden! Aber das tut man nicht, in keinem einzigen Fall. Macht ein senkrechter Raketenstart nicht einzig und allein auf einer flachen Erde Sinn?

Man könnte sogar zwei alternative Weltbilder zusammenführen – die Flache-Erde-Theorie mit der Hohle-Erde-Theorie. Könnte der Kontinent „Agartha", der das Innere der Erde bedecken soll, nicht in Wahrheit auf der Rückseite der Scheibe sein? Das Argument der Hohle-Erde-Befürworter, das Gravitationszentrum der Erde liege nicht im Kern, sondern in der Kruste, ließe sich wunderbar auf das Modell einer beidseits bewohnten Scheibe (oder Linse) übertragen.

Bei all dem geht es nicht darum, eine neue Wissenschaft von der Erde zu begründen. Ob die Erde flach ist oder rund, hohl oder massiv, soll hier offen bleiben. Für jede Sichtweise gibt es Argumente. Es geht darum zu begreifen, dass wir betrogen werden, oder dass uns zumindest ein Teil der Wahrheit vorenthalten wird – dass uns ständig ein Weltbild vordiktiert wird, das nicht stimmen kann, oder zumindest nicht das einzig plausible ist. Es geht darum zu begreifen, dass wir mit einem Schattentheater von irgendetwas abgehalten werden sollen.

Es geht nicht darum, dass wir nun unbedingt herausfinden müssen, ob die Erde nicht doch eine Scheibe ist, ob die Mondlandung der Amerikaner bei den Apollo-Missionen eine großangelegte Täuschung war oder ob es nicht doch ein Argument gibt, weshalb das Wasser der Weltmeere den Gesetzen der Fliehkraft trotzt. Ist doch eigentlich egal, oder?

Denn das, wovon wir abgehalten werden sollen, sind wir selbst. Das, wovon wir abgehalten werden sollen, ist, uns selbst zu erforschen. Müssen wir nicht ebenso das Menschenbild hinterfragen, das uns vermittelt wurde, und das die meisten Menschen – ohne jegliche Beweise! – einfach als gesicherte Erkenntnis geschluckt haben?:

Der Mensch stamme vom Affen ab, und nach langen Zeiten als Sammler und Jäger entdeckte er vor 10.000 Jahren die Segnungen von Ackerbau und Viehzucht. Viele Menschen, die heute erkennen, dass Ackerbau und Viehzucht es sind, die den Menschen krank machen, wollen zurückkehren zum Sammeln und Jagen. Viele Menschen empfinden aber auch, dass das nicht die Lösung sein kann – vielleicht weil das gar nicht unser wahrer Ursprung ist? Wurde uns unser wahrer Ursprung unterschlagen? – Hat sich vielleicht unser heutiger Körper durch lange Menschheitsepochen des Gartenbaus aufgebaut, die in der Geschichte der Menschheit einfach nicht erwähnt werden, weil sie nicht in die gängige Lehrmeinung passen? Liegt vielleicht doch im Paradies (paradeisos / persisch = Garten) der Ursprung der Menschheit? Die Ernährungsbedürfnisse des Menschen, die in idealer Weise aus dem Garten gedeckt werden, könnten ein Hinweis darauf sein!

Jedenfalls gibt es keinen Zweifel daran, dass wir allmählich auf eine Garten-Ernährung umsteigen sollten, wenn wir für unsere Zukunft die Welt zum Paradies machen wollen!

Die Fragen nach der wahren Gestalt der Erde und nach der wahren Herkunft des Menschen müssen zumindest ergebnisoffen behandelt werden – wir aber geben uns mit einem vorgegebenem Welt- und Menschenbild zufrieden, das durch die einfachsten und natürlichsten Fragen schon ins Wanken gebracht werden kann! Das, was kleinen Weltanschauungsgemeinschaften mit bitterer moralischer Entrüstung vorgeworfen wird, nämlich Indoktrination, wird in großem Stil – kaum beanstandet – praktiziert von unseren öffentlichen Schulen und Universitäten, von unseren Medien und Politikern.

Es geht nicht darum, ein vorgegebenes Welt- und Menschenbild rasch durch ein anderes zu ersetzen. Es geht darum zu erkennen, welche Tendenz dieses vorgegebene Welt- und Menschenbild verfolgt, um die Absicht, die Strategie dahinter zu erkennen: Die Mitte des Universums wird weit, weit nach draußen verlegt, das heliozentrische Weltbild geht ja nicht nur davon aus, dass sich die Erde um die Sonne dreht, auch die Sonne dreht sich in einem großen Kreis um die Milchstraße, und die Milchstraße dreht sich um eine noch größere Mitte... – und der Mensch in alledem soll nur ein zufälliges Produkt einer Reihe von Mutationen sein! – Ein mehr oder weniger geglückter Mutant? Dessen einzige Mission in diesem chaotischen Universum sein kann, in seiner kurzen Lebensspanne möglichst viel zu konsumieren? – Und damit geben wir uns zufrieden?

Das worum es geht, und wovon wir abgehalten werden sollen: Die Mitte ist nicht irgendwo da draußen, die Mitte ist...

in uns selbst!

Die einfache Wahrheit, die am allergefährlichsten ist für die Machthaber dieser Erde:

Der Schlüssel zum Glück ist in uns selbst.

Ein Mensch, der zur Quelle des Glücks in sich selber findet, ist für die Machthaber dieser Welt gefährlich geworden: Er ist weder einzuschüchtern noch zu verführen – und außerdem steckt er auch noch andere mit diesem Glück an!

Unser Weltbild, das nicht stimmen kann, hängt offenbar zusammen mit unserem Lebensideal, das Glück im Außen zu suchen. Beruf, Partnerschaft, Familie, Wohlstand, Gemeinschaft, Staat, Kranken-, Renten- und Lebensversicherung – es sind schon ganz schön viele Dinge zusammengekommen, die der westliche moderne „aufgeklärte" Mensch alle benötigt, um glücklich zu sein! – Was aber, wenn unser Lebensideal ebenso wenig stimmt wie unser Weltbild?

Doch sei beruhigt: Du darfst Dein Weltbild behalten. Es soll hier nicht darum gehen, Dich von irgendeiner anderen Anschauung von der Welt zu überzeugen. Ich möchte Dich einladen, Dein Weltbild zu *erweitern* – die spirituelle Dimension *hinzuzufügen*.

– Nicht um irgendetwas im Außen zu bewirken, etwa dass Du Deine Lebensversicherung kündigst oder Dich einer vorgegebenen Religion anschließt – nein, das ist vollkommen unnötig, und darum geht es überhaupt nicht. Alle Darstellungen und Denkanstöße in diesem Buch sollen Dich nur dazu einladen, Dich zu öffnen für die große Quelle bedingungslosen Glücks:

das in Dir selber liegt…

Glück und Erfolg

Mey: ...das Glück hängt nur von der Liebe ab.
Interviewer: Erfolge, Geld und Ängste
lassen es gänzlich unberührt?
Mey: So ist es.
Reinhard Mey in einem Interview von der *ZEIT*, 2014

Seit dem Erscheinen von „The Secret" als Buch[3] und als Film 2006/2007 verbreiten eine ganze Reihe von Erfolgsratgebern das Wissen um das „law of attraction" – das Gesetz der Anziehung. Wir werden aufgeklärt, weshalb wir immer wieder daran scheitern, das im Leben zu erreichen, was wir uns wünschen. Es werden uns unsere Selbstblockaden aufgezeigt. Viele Menschen pflegen mehr ihre negativen Zielbilder als ihre positiven Zielbilder. Sie stellen sich häufiger und intensiver vor, was sie *nicht* möchten, als das, *was* sie möchten. Häufig geschieht das unbewusst, und sie können es sich dann nicht erklären, weshalb sie immer so viel „Pech" im Leben haben. Wir lernen, bewusst das zu visualisieren, was wir uns im Leben wünschen – und dann die entsprechenden Schritte zu tun.

„Vision, plan, action" ist das einfache Rezept der erfolgreichen Menschen: Sie wissen was sie wollen, entwickeln eine Strategie und – bleiben nicht im Träumen stecken! Als dritten Schritt gehen sie in die Aktion.

---

[3] Rhonda Byrne, *The Secret*, auf Deutsch im Arkana Verlag, 2007

Entsprechen die Ergebnisse nicht ihren Erwartungen, so gehen sie einen Schritt zurück und ändern ihre Strategie – oder auch ihre Zielbilder. In jedem Fall leben sie effizient und erreichen eine sehr viel höhere Erfolgsquote als die meisten Menschen, die die Gesetze Positiven Denkens nicht kennen und anwenden.

Dieses ganze Konzept geht von einer Grundannahme aus, die höchst anfechtbar ist:

Wir wüssten, was für uns gut ist.

Wenn es aber nicht so ist?

Zum Beispiel kann ein Schicksalsschlag zwar sehr leidvoll sein für den Menschen, aber auf einer anderen Ebene sehr wertvoll und hilfreich für seine seelische Entwicklung. Sehr oft erkennt der Mensch das erst im Nachhinein. Niemand aber würde sich einen Schicksalsschlag im Vorhinein wünschen! Das zeigt auf, dass wir den optimalen Entwicklungsplan für unser Leben in der Regel nicht kennen!

Selbst, wenn wir das „law of attraction" hundertprozentig verinnerlicht haben und meisterhaft anzuwenden verstehen – würde damit der Lernweg unseres Lebens erst beginnen!

„Lebe deine Träume", heißt es. Das klingt erst einmal verheißungsvoll. Sind wir aber dann nicht die Gefangenen unserer Träume? Denn „seine Träume leben" heißt, einer Inspiration folgen, die man einmal in der Vergangenheit gehabt hat. Das ist an sich nicht verkehrt, und Ziele im

Leben sind entscheidend wichtig. Es geht nicht ohne Ziele, das ist keine Frage. Die Frage aber, die sich dabei stellt, ist: Sind wir dann auch noch offen für die Inspirationen *in der Gegenwart* ??? Der *Geist* möchte den Menschen in jedem Augenblick seines Lebens inspirieren.

- Wer nur auf die Materie ausgerichtet ist, der glaubt an den Zufall. Er erlebt sein Leben als ein launenhaftes „Schicksal", das mal gnädig und mal unbarmherzig zu ihm ist, aber immer unerklärlich. Das was die Kirchen als „Gottes unerklärlicher Ratschluss" anführen, bewegt sich übrigens genau auf dieser Ebene, der alleruntersten. Viele Menschen jammern und klagen über ihr Leben, das ist sehr bedauerlich. Viele Menschen entwickeln aber auch eine erstaunliche Leidensfähigkeit und fügen sich über Jahre und Jahrzehnte in ihre Zustände der Unzufriedenheit. Das ist ebenso bedauerlich. Beide Wege wollen es nicht wahrhaben, dass es noch tieferliegende Potentiale gibt, durch die sie ihr Leben aus eigener Kraft verbessern könnten. Es ist die ausschließliche Ausrichtung nach Außen, durch die sie sich so machtlos fühlen.

- Wer die astralen Zusammenhänge erkennt, der erkennt, dass vieles von dem, was in der Gegenwart passiert, die Folgen von früher gesetzten Ursachen ist. Er erkennt seine Macht in der Gestaltung seines Lebensgebäudes als der Architekt und Bauherr. Er wendet die astralen Gesetze von Ursache und Wirkung, sowie von der

Schöpferkraft der Gedanken immer mehr an und…
"lebt seine Träume". Es ist wichtig, diese Schritte
zu gehen – aber lebt der Mensch damit wirklich
sein volles Potential?

- Wer den Menschen begreift als *Körper, Seele, Geist*,
der gelangt zu dem Schluss, dass es nach dem
Materiellen und dem Astralen noch eine weitere
Ebene geben muss: den Geist, das Spirituelle!
Gestehen wir es uns ein: Was das heißt, ist
eigentlich offen! Wir wissen nur so viel darüber,
dass es heißt, endlich in der Gegenwart
anzukommen. Der materielle Mensch lebt in den
schönen Erfahrungen und in den Traumata der
Vergangenheit, sowie in den in die Zukunft
gerichteten Hoffnungen und Befürchtungen. Der
astrale Mensch (der Menschentyp, den die
Erfolgsratgeber beschwören) lebt in den Träumen
seiner Vergangenheit bzw. in den Plänen für seine
Zukunft. Es ist allein der Mensch der Geistesebene,
der es vermag, wirklich in der Gegenwart zu leben
– und damit das Glück in der Gegenwart zu
empfinden.

Es ist eine Ebene, mit der sich die meisten Menschen
im Leben noch nicht sehr beschäftigt haben. – Wenn er nun
aber gerade auf dieser Ebene zu finden ist, der „Schlüssel
zum Glück"?

Aufklärung Teil 2

Das Übersinnliche allein vollbringt die Heilung.
Maximilian Oskar Bircher-Benner

Eine moderne ganzheitliche Sichtweise weiß ganz genau: Der Mensch umfasst...

> Körper,

> Seele,

> Geist.

Aber was ist der Geist?

> Der Körper ist das, was wir anfassen können.

> Die Seele ist unser Gefühlsleben, die Seele umfasst unsere Sehnsüchte und Begierden, sowie unsere Ängste und Befürchtungen.

> Aber der Geist? – Wer definiert „Geist"? Wie kann verstanden werden, was damit gemeint ist???

Vielleicht umfasst der moderne Mensch...

nur noch Körper und Seele!

Anstatt das Rätsel zu lösen, was mit „Geist" gemeint sein könnte, hat sich die moderne Gesellschaft darauf verständigt, diesen Teil des Menschseins einfach auszuklammern! Wir kehren unter den Tisch, was mit „Geist" gemeint sein könnte – oder wir definieren „Geist" bestenfalls als das, was wir unter „Bildung und Kultur" verstehen.

Das Dilemma liegt aber darin, dass erst der „Geist" definiert sein muss, ehe wir zu einem rechten Verständnis von „Bildung und Kultur" gelangen.

Es sagt sich so leicht –

„Ganzheitliche Betrachtung des Menschen

als Körper, Seele, Geist".

> Was der Körper ist? Ist doch klar, oder?

> Und die Seele? Na ja, die Gefühle eben, das Tiefgründige, unsere unbewussten Prägungen und Regungen – all das...

> Und der Geist?

– Haben wir uns jemals ernsthaft darüber Gedanken gemacht, was damit gemeint sein könnte? Glauben wir, es ginge um die Fähigkeit zum Kopfrechnen? Oder darum, witzig und schlagfertig zu sein?

Oder nicht um noch viel mehr?...

Ist nicht der Geist das Wichtigste, ja, der Hauptbestandteil des Menschen? „Mensch" bedeutet ja sogar „Geist"! (lat. „mens", engl. „mind")

Der Mensch umfasst... Körper, Seele, Geist. Aber wir sehen ihn nur noch halb! – als Körper und Seele. Die Ursachen liegen sicherlich im Umgang der Kirchen mit diesem Thema.

Goethe hat es in seinem Faust so treffend auf den Punkt gebracht.

„Natur und Geist – so spricht man nicht zu Christen.
Deshalb verbrennt man Atheisten,
weil solche Reden höchst gefährlich sind.
Natur ist Sünde, Geist ist Teufel."
(Erzbischof zum Faust, V. 4897-4900)

Die Kirche hat über Jahrhunderte den Menschen von seinen biologischen und spirituellen Grundlagen abgeschnitten, mit dem Ziel, ihn nur noch als schuldbeladene Seele darzustellen. Hierdurch kann der Mensch enger an die kirchlichen „Heilsvermittler" gebunden werden. Der moderne Mensch hat seit der Aufklärung im 18. Jahrhundert den biologischen Teil seines Wesens zurückerobert. Er hat erkannt, dass auch das Körperliche zu ihm gehört und nicht per se sündhaft ist. Dass man seine körperlichen Bedürfnisse nicht zu verleugnen braucht – weil man den körperlichen Teil seines Wesens nicht auf Dauer von sich abschneiden kann. Aber der moderne Mensch hat noch nicht den spirituellen Teil seines Wesens zurückerobert:

den Geist.

Er hat diesen Punkt einfach übergangen!

Was aussteht ist „Aufklärung – Teil 2"!

Der moderne Mensch verdrängt einen Teil seines Wesens: den Geist. Daher kommt sein tiefes Misstrauen gegenüber dem Wort „Gott" außerhalb einer Kirche. Daher kommt sein tiefes Misstrauen gegenüber den Begriffen „Erleuchtung" und „Spiritualität".

Gottgläubige Menschen und spirituelle Menschen außerhalb der Kirchen: Wir bringen solche sofort mit dem Begriff „Sekte" in Verbindung. Warum eigentlich? „Sektierer" ist eigentlich nur das moderne Wort für „Hexe" oder „Ketzer" – für einen Menschen, den man mit den übelsten Verdächtigungen aus der Gesellschaft ausschließen darf.

Die Kirche hat über Jahrhunderte die wirklich spirituellen Menschen als Hexen und Ketzer geächtet, gefoltert und verbrannt. Steckt das nicht noch in unserem Unterbewusstsein? Könnte hier nicht der Grund liegen, weshalb wir es nicht mehr wagen, die wirklich bedeutsamen Fragen zu stellen?

„Sektierer" stehen im Verdacht, Menschen der übelsten Sorte zu sein:

Kinderschänder, Selbstmordattentäter, fanatische Anhänger bis hin zum Massenselbstmord, zumindest äußerst leichtgläubige Guru-Verehrer – labil und nicht mehr kritikfähig, unfähig zu partnerschaftlicher Bindung, Leute, die unsinnige Ernährungsvorschriften befolgen oder 16 Stunden am Tag für die Luxus-Bedürfnisse ihres Gurus arbeiten...

All diese Auswüchse verbinden wir mit dem Wort „Sekte" / „Sektierer" !!!

...und warum? ...nur weil ein Mensch das fehlende Stück zu seiner Ganzheit sucht??

...nur weil ein Mensch nach Antworten sucht und eine spirituelle Praxis pflegt???

Die Gesellschaft spaltet den Spirituellen ab...

...weil der moderne Mensch das Spirituelle in sich abspaltet!

Das Sektiererische gibt es natürlich wirklich, und es ist eine große Gefahr! Doch all das wird einem Menschen untergeschoben, nur weil er nach Antworten sucht und eine spirituelle Praxis pflegt! – Ist das noch sachlich und angemessen? Ist nicht vielleicht genau *der* Mensch am meisten gefährdet und anfällig für sektiererisches Verhalten, der *nicht* nach Antworten sucht und eine spirituelle Praxis pflegt??? („sektiererisch" ist nur ein anderes Wort für „abspaltend")

Gerade die Abspaltung des spirituellen Teils unseres Wesens ist gefährlich. Gerade dadurch können wir kein sicheres Urteilsvermögen in spirituellen Fragen erlangen. Die Abspaltung des spirituellen Teils unseres Wesens hinterlässt ein spirituelles Vakuum.

Dadurch hat sie gefährliche Folgen in vielen Bereichen der Gesellschaft:

- ➢ Gesundheit

- ➢ Süchte

- ➢ Wissenschaft und Religion

- ➢ Politik

- ➢ Bildung und Kultur

Auf diese Punkte wird im Folgenden eingegangen.

Gesundheit

Heilwerden heißt Ganzwerden!

(griechisch "holos", englisch "whole" = ganz)

Das heißt, wenn wir einen Teil von uns abspalten, dann sind wir nicht nur einfach „halb" – wir schöpfen nicht nur einen Teil des Potentials unseres Menschseins nicht aus, sondern wir sind nicht mehr heil: also KRANK!

Die Folgen sind

- ➢ mangelnde Motivation

- ➢ Depressionen

- ➢ Ängste

- ➢ und auch gestörte Beziehungen zu unseren Mitmenschen!

Wie sollen denn unsere Kommunikationen vollwertig sein, solange wir einen Teil unseres Wesens abgespalten haben?

Haben wir keinen Zugang mehr zum Geist, spalten wir also den wichtigsten Teil unseres eigenen Wesens ab, dann wird sich die Abspaltung durch unser ganzes Leben ziehen:

> Unser körperliches Sein und unsere körperlichen Gewohnheiten werden abgespalten sein von den natürlichen Gesetzmäßigkeiten des materiellen Kosmos.

> Unser seelisches Erleben wird abgespalten sein von unserer Gefühlsebene und von einer tieferen Kommunikation mit den Mitmenschen.

Die Folgen sind unsere vielfältigen Zivilisationskrankheiten:

Ängste und Depressionen, Süchte und Gewalt, Bluthochdruck, Diabetes, Rheuma, Migräne, Parkinson, Krebs, ...usw.usf.

Anstatt nun die Blockade aufzuspüren, die den Menschen vom Geist trennt, anstatt nun die verlorene Ganzheit wieder herzustellen, behandelt die moderne Medizin die Krankheiten, als wären es eigene Wesen, sie kämpft mit ihnen, mit dem Ziel, sie zu vernichten. Immer mehr aufmerksame Zeitgenossen erkennen, wie töricht dieses Spiel ist, denn die Krankheiten kehren immer wieder, weil die Ursache nicht behoben ist. Sie suchen nach einem

Weg der Umkehr – der Umkehr zu einer Einheit mit den eigenen seelischen Regungen, mit dem Mitmenschen und mit den Kräften der Natur...

Wir können umdrehen, wie es die meisten machen (wenn sie denn umdrehen): Indem wir das Pferd von hinten aufzäumen:

> ➤ uns bemühen, wieder mehr auf die Regungen unserer Seele zu hören...

> ➤ uns bemühen, wieder etwas netter zu sein zu unseren Mitmenschen...

> ➤ uns bemühen, wieder mehr naturgemäß zu leben, uns ausreichend zu bewegen, uns vernünftig zu ernähren usw. ...

Das ist ja an sich gar nicht verkehrt. Aber warum fällt uns das so schwer, warum steckt so viel „Bemühung" darin, um doch einfach nur so zu leben, wie es integer, sozial, naturgemäß und gesund wäre???

Es fehlt die Be*geist*erung! Denn es fehlt noch der Zugang zum Geist.

Klar können wir unsere Seele aufräumen und uns dann besser fühlen, z.B. mit Hilfe eines guten Therapeuten. Klar können wir, z.B. in einer schweren Krankheit, das Ruder herumreißen und anfangen, uns „gesund" zu ernähren.

Und – klar kann das auch ein Anfang sein, der dahin führt, dass wir zur Begeisterung finden: zum

Wiederentdecken unseres tieferen Potentials. Doch hier, in unserem geistigen Potential, liegt das Wesentliche!

Fangen wir doch gleich mit dem Geist an, denn mit dem Geist geht alles leichter. Uns steht wieder unser volles Potential zur Verfügung! Alle Schritte auf unserem Gesundheitsweg sind geführt und von der Freude getragen!

Wie sagte Are Waerland, der finnisch-schwedische Lebensreformer (1876-1955):

Das Waerland-System (die gesunde Lebensweise, d.V.) *kann sich aber erst dann in seiner ganzen Tragweite auswirken, wenn sich die Gesunden seiner bemächtigen, wenn die Menschen, auch ohne durch Krankheit und Not veranlasst zu sein, in gesundem oder verhältnismäßig gesundem Zustand sich der gesunderhaltenden Lebensführung zuwenden. Dann wird die Einsicht und das volle Bewusstsein der Verantwortung dem Leben gegenüber den Antrieb geben.*

ES MUSS EIN ANTRIEB SEIN,
DER VOM GEISTIGEN AUSGEHT.

Süchte

Ein indischer Weisheitslehrer sagte, erfolgreiche Menschen sind entweder Menschen, die meditieren, oder sie nehmen Suchtmittel ein. Denn für den Erfolg benötigen wir einen Zugang zu unserer Ganzheit, zum vollen Potential unseres Menschseins, also zum Geist!

Hier haben wir einen Hinweis auf das tiefere Wesen der Süchte: Kompensation der fehlenden Ganzheit, bzw. ein künstlicher Zugang zu der Ebene unseres Wesens, zu der wir den natürlichen Zugang verloren haben.

Finden wir wieder zur Ganzheit unseres Wesens aus Körper, Seele, Geist. Dann fallen die Suchtmittel von uns ab wie welkes Laub vom Baum im Herbst.

Wissenschaft und Religion

Wissenschaft und Religion haben EIN Ziel: das Finden der Wahrheit. Wenn wir den Geist abspalten, spalten wir die höchste Autorität der Wahrheit in uns ab. Automatisch beginnen wir sofort, dieses Vakuum von außen aufzufüllen. Wir schaffen uns äußere Autoritäten: „heilige" Bücher, „Experten", Lehrer, Priester, Kardinäle, Wissenschaftler mit Titeln, Gurus mit Wundertaten..

Je nachdem, welchen Autoritäten wir anhangen, stehen wir auf der Seite der Wissenschaft oder der Religion und meinen, das seien unvereinbare Gegensätze.

Finden wir wieder zur Ganzheit unseres Wesens aus Körper, Seele, Geist. Dann nutzen wir alle Quellen der Erkenntnis – sowohl wissenschaftliche als auch religiöse – und vermögen durch die Führung aus dem Inneren souverän damit umzugehen. Dann erwächst die Erkenntnis in uns selbst.

Dann brauchen wir keine „heiligen" Bücher mehr!

Wer Bücher heiligspricht, wird andere Bücher verbannen. Hierin liegt eine Blockade der Erkenntnis. Der reife Leser lässt beides hinter sich, weil er wieder Zugang zum Geist findet, zur Autorität der Wahrheit in sich selbst.

Deshalb bezieht er auf seiner spirituellen Suche viele Quellen mit ein, neben der Bibel können das auch apokryphe Schriften, Erfahrungsberichte und Neuoffenbarungen sein.

Die „Offizielle Lehrmeinung" in der Wissenschaft ist so etwas wie die „Heilige Schrift" in der Religion: ein Glaubensdogma, das den einfachsten Fragen oft nicht standhält (siehe Kapitel „Werte und Weltbild"). Es wird an ihm ohne eigenes Verstehen und Nachvollziehen blindlings festgehalten.

Wer zum inneren Führer der Erkenntnis – den Geist – gefunden hat, der lässt auch alternative Ansätze zu.

Politik

Der Geist ist der innere Führer. Das Vakuum der Abspaltung vom Geist führt zum Verlangen nach äußeren Führern. Hitlerdeutschland hat nur funktioniert, weil die Verankerung der meisten Menschen im Spirituellen zu schwach war. Der kirchliche Glaube, der zu dieser Zeit noch sehr viel stärker war, war, gesamtgesellschaftlich gesehen, nicht stark genug, um ein wirkliches Gegengewicht zu bilden. Der Grund liegt darin, dass es ja gerade die Kirchen waren, die die Abspaltung vom *inneren* Führer vorangetrieben haben!

Aber auch heute haben wir eine Politik, die viel zu sehr personenbezogen ist. Durch die unbewusste Suche nach starken Führerpersönlichkeiten, hat sich das politische Werben um den Wähler sehr weitgehend von den Inhalten losgelöst. Es geht um Personen, und die Ursache ist unser inneres Vakuum. Die Politiker sind durch eine solche Erwartungshaltung hoffnungslos überfordert. Keiner kann sie wirklich erfüllen – es sei denn, er findet zum *Geist*.

Die Verbannung des Spirituellen aus der Politik bedeutet, das wichtigste Potential, das den Menschen führen könnte, bleibt ungenutzt. Finden wir wieder zur Ganzheit unseres Wesens aus Körper, Seele, Geist. Dann wird auch die Spiritualität nicht mehr aus der Politik abgespalten.

Eine spirituelle Politik bedeutet, die Politiker erlangen wahre Führungskompetenz durch ihre ganzheitliche Integrität von Körper, Seele, Geist. Ein solcher Politiker ist souverän, ohne eine äußere Machtposition zu beanspruchen. Seine Grundhaltung ist das Dienen am Volk.

Da wir natürlich nur die Politiker bekommen, die wir verdienen, funktioniert eine spirituelle Politik nur mit einem entsprechenden neuen spirituellen Paradigma, das in der Bevölkerung verankert ist.

Bildung und Kultur

Durch die Abspaltung des Spirituellen in der Gesellschaft verstehen wir nicht mehr, was Bildung heißt, oder wo Bildung hinführen soll.

Es wird in der Schule und im Studium der Versuch unternommen, den Menschen zu einem Ozean des Wissens zu machen. Obwohl dieser Ansatz so mühevoll verfolgt wird, sind die Ergebnisse äußerst kümmerlich. Das meiste „Wissen" wird schnell wieder vergessen. Wir sollten erkennen: Der Ansatz ist falsch, weil kein Mensch zu einem Ozean des Wissens werden kann.

Worum es geht: Dass der Mensch den Zugang findet zu *dem* Ozean des Wissens, zum *Geist* in sich selbst! Der Mensch ist ein Kanal, und die Quelle ist der *Geist*.

Warum fördert das Erlernen eines Musikinstrumentes die Schulnoten in ganz anderen Fächern, die gar nichts mit der Musik zu tun haben? Weil Musik genau das tut: Sie verschafft uns einen Zugang zu unserem inneren Potential.

Es zeigt sich mehr und mehr, dass das heutige Schulsystem den Hochbegabten nicht gerecht wird. Dadurch drückt sich etwas aus, was über die Personengruppe der Hochbegabten hinausgeht: Das Schulsystem wird der hohen Begabung nicht gerecht, die in jedem Menschen wohnt!

Die Indigo- und Kristallkinder, die verstärkt inkarnieren, zeichnet nicht unbedingt aus, dass sie zu einem Ozean des Wissens geworden sind, in fünf Minuten ein Musikinstrument erlernen oder 8 Sprachen fließend sprechen. – Manche von ihnen können das, aber darum geht es überhaupt gar nicht! Worum es eigentlich geht: Es sind Kinder, die einen stärkeren Zugang haben zu *dem* Ozean des Wissens, zum *Geist* in sich selbst! Pädagogen, die zu ihrer Ganzheit von Körper, Seele, Geist gefunden haben, erkennen das. Die Förderung einer Begabung heißt nicht, Wissen in den Menschen einzutrichtern, sondern seine Hingabe an den *Geist* durch eigenes Vorbild anzufachen.

> *Unter Kultur werden immer noch*
> *Museumsgut und Veranstaltungen verstanden,*
> *statt innere Klärung und Hebung...*
> Ralph Bircher

Wir leben in einer Zeit, wo sich der Westen fragt, weshalb die islamische Kultur so viel Zulauf hat und weshalb die islamischen Einwanderer oft so wenig Neigung zeigen, sich der westlich-abendländischen Kultur anzunähern.

Könnte es nicht daran liegen, dass unsere „Kultur" nur noch zu *Museumsgut* geworden ist? Goethe wird studiert von Schülern und Studenten als eine historische Größe – aber mit der spirituellen Erkenntnis, mit der *Klärung und Hebung*, die sein Werk ursprünglich vermitteln sollte, bringen wir das meist gar nicht mehr in Verbindung.

Wir sollten es uns eingestehen: Wir haben keine echte, lebendige Kultur mehr, solange wir die Verbindung mit dem *Geist*, mit unseren spirituellen Wurzeln, verloren haben. Nur durch einen Zugang zum Spirituellen können wir uns eine Kultur erarbeiten, die nicht nur aufgesetzt ist, sondern in uns lebt!

Gesellschaft

Es wurde aufgezeigt, dass die Abspaltung des Spirituellen nicht nur das Heil (= die Ganzheit) des Einzelnen beschädigt, sondern auch der Gesellschaft. Anders gesagt, eine Gesellschaft, die das Spirituelle abspaltet, ist krank, und produziert immer mehr Krankheiten in allen ihren Bereichen:

Gesundheitswesen, Süchte, Wissenschaft und Religion, Politik, Bildung und Kultur...

Die Lösung kann nur sein, dass immer mehr Einzelne sich auf den Weg machen, sich dem verlorenen Wesensteil – dem Geist – wieder anzunähern.

Was ist Geist?

Nach Viktor Frankl, einem österreichischen Psychologen (1905 – 1997), ist das der Teil des Menschen, der die Quelle seiner ethischen und moralischen Werte ist (ergo: die Basis einer konstruktiven Kommunikation, die auf ein Miteinander abzielt und nicht darauf, das Gegenüber zu unterjochen oder zu manipulieren), und es ist der Teil des Menschen, der niemals krank werden kann (ergo: die Quelle der Gesundheit!).

Es gibt drei Ebenen der Schöpfung

> ➤ die materielle Ebene:
> sie entspricht dem Körper

> ➤ die astrale Ebene:
> sie entspricht der Seele

> ➤ die kausale Ebene:
> sie entspricht dem Geist

die materielle Ebene:

Wer nur auf der materiellen Ebene lebt, der schöpft sein Leben nicht in der Tiefe aus, denn er ignoriert die Potentiale von Seele und Geist.

die astrale Ebene:

Sie durchdringt und formt die materielle Ebene. Doch sie sind nicht immer deckungsgleich – auf der materiellen Ebene können wir eine Maske tragen, auf der astralen nicht mehr. Die astrale Ebene beinhaltet unsere Gefühle, unsere Antriebe, Sehnsüchte und Wünsche.

die kausale Ebene:

Sie durchdringt und formt die astrale Ebene. Sie entspricht dem Himmelreich – aber das liegt nicht in einer jenseitigen fernen Zukunft, sondern die Potentiale des Geistes liegen hier und jetzt in uns! Die kausale Ebene ist das, was der Philosoph Plato als das „Reich der Ideen" beschreibt. Dieses Konzept ist also nichts, was unserem Kulturkreis fremd wäre. Die kausale Ebene ist die Ebene, die über unseren vom menschlichen Bewusstsein geprägten Gefühlen, Antrieben, Sehnsüchten und Wünschen steht: Nur sie kann uns im Leben wirklich führen und leiten.

„Bildung und Kultur" kann nur zum Ziel haben, sich diesem innewohnenden Potential des Menschen – dem Geistwesen – wieder anzunähern. Ein in diesem Sinne „gebildeter" und „kulturell hochstehender" Mensch kann jemand sein, der von außen als ein leeres Blatt erscheint: Er muss weder besonders belesen sein noch gut im Kopfrechnen noch die napoleonischen Kriege auswendig hersagen können. Er hat Zugang zum *Geist*, das heißt jede seiner Handlungen und Worte geschieht aus dem Empfinden heraus im Einklang mit dem Universum.

die astrale Ebene:

Im Kreuzworträtsel wird uns vermittelt, die Seele wäre das Ewige. Aber das ist nicht wahr. Die astralen Ebenen werden auch „Reinigungsebenen" genannt. Das heißt, wir durchschreiten sie solange, bis wir alle Seelenhüllen abgelegt haben. Das kann Äonen dauern...

die kausale Ebene:

...Doch irgendwann findet jede Seele wieder zu ihrer wahren, ewigen Natur. Jeder Mensch findet einst wieder zum inneren Geistwesen, indem er seine Seelenhüllen nach und nach abstreift. Dann erhält er wieder Zugang zur kausalen Ebene – denn sie ist die wahre, ewige Heimat.

Wir verbannen gerne „das Himmelreich" in das Gebiet des „Glaubens" – und meinen damit, es ginge um Ammenmärchen für trostsuchende Seelen. Damit spalten wir uns aber vom wichtigsten Teil in uns ab: vom *Geist*. Denn die kausale Ebene ist immer da, sie ist Gegenwart und steht uns jederzeit zur Verfügung – auch in unserem Erdendasein!

Alle drei Ebenen liegen hier und jetzt in uns. Leben heißt: Das Potential auf allen Ebenen nach und nach zu erschließen, nach und nach die fehlenden Anteile zu integrieren.

Was heißt das, den „Geist" wieder mit einzubeziehen? Das heißt, wieder seine Neugier zu entdecken auf die Grundfragen des Lebens:

> ➢ Wo komme ich her? Wo gehe ich hin?

> ➢ Was widerfährt uns nach dem Tod?

> ➢ Was ist der Sinn des Erdendaseins?

Wir haben ein Recht auf Antworten! Warum also diese Fragen verdrängen? Warum verdrängen wir diese Fragen aus unserem Leben und aus der öffentlichen Diskussion?

– Das heißt, wieder Kontakt aufzunehmen, mit unserem inneren Wesen:

> ➢ in der Meditation

> ➢ für den Gläubigen auch im Gebet an den Schöpfergeist, der in uns ist.

Aus dem einfachen Gebet heraus an den *Geist*, an Gott, den Schöpfer, entwickelt sich nach und nach die tiefe Verbundenheit mit dem fehlenden Anteil.

Der *Geist* führt uns nach und nach wieder zu unserer Ganzheit.

Wir erleben unsere *Heilung*.

Wir erleben wahren Lebenserfolg:

- ➤ Erfolg im Beruf,

- ➤ erfüllende Kommunikation mit den Mitmenschen,

- ➤ geistige Erkenntnisse,

- ➤ das Erlebnis tiefen Friedens.

...erst dann leben wir *ganz,* erst dann leben wir *wirklich* die Einheit von Körper, Seele, Geist!

Quellen des Glücks

Glück hängt nicht davon ab,
wer du bist oder was du hast.
Es hängt nur davon ab, wie du denkst.
Dale Carnegie

Glück ist Liebe, nichts anderes.
Wer lieben kann, ist glücklich.
Hermann Hesse

Glück: Das mögen, was man muss
und das dürfen, was man mag.
Henry Ford

Die Wertestruktur einer Gesellschaft hängt elementar mit dem vorherrschenden Glücksbegriff zusammen. Jedes Wesen strebt nach Glück. Daher gibt das Konzept von Glück die Richtung vor, wonach ein Mensch strebt und wie er handelt. Logische Konsequenz ist, dass es der beste Weg ist, den dringend benötigten Wertewandel in der Gesellschaft voranzutreiben, sich der Frage danach zu widmen, was für uns ‚Glück' bedeutet.

‚Konzepte von Glück' können sein:

➤ Glück resultiert aus Anstand und Pflichterfüllung
(die Folge von Selbstaufopferung im Dienst an der
Gemeinschaft)

➤ Glück ist Zufall
(das Gegenteil von „Pech")

➤ Glück ist Reichtum und Gesundheit
(die Folge „glücklicher" äußerer Lebensumstände
als Resultat von Anstrengung oder Erbschaft)

➤ Glück ist Erfüllung in der Liebe
(die Folge von der Gunst eines/einer Anderen).

Für viele funktionieren diese Konzepte des Glücks,
oder manche davon. Aber für kaum jemandem auf Dauer.
Das äußere Glück ist in der Regel vergänglich, und selbst
wenn es das nicht ist, wird es schal. Irgendwann erfüllt und
befriedigt es uns dann nicht mehr. Es fehlt etwas.

Die partnerschaftliche Liebe ist für die meisten
Menschen ein ganz großer Baustein des Glücks, wenn nicht
die Quelle des Glücks. In der Schule werden wir – gemäß
dem gesellschaftlichen Stand der Aufklärung – über die
biologische Seite der Liebe aufgeklärt. Mein Empfinden war,
bei der sexuellen Aufklärung fehlt etwas, die Liebe wird
dadurch entzaubert. Damals fehlte für mich in der ganzen
sexuellen Aufklärung ein Element, das für mich aber das
Wesentliche an dem Ganzen war: das Verliebtsein. Das
konnte ich sehr bewusst wahrnehmen, denn damals, als
Grundschüler, war ich bereits schwer verliebt, unglücklich
verliebt, sehnsüchtig verliebt, unfähig, dem Ausdruck zu
verleihen – aber ganz, ganz innig und romantisch. Die

biologische Aufklärung empfand ich als sinnvoll und notwendig, aber gleichzeitig empfand ich sie als deplatziert und unvollständig – und überhaupt nicht hilfreich! Sie entzauberte die Liebe, und sie half mir auch nicht in meiner derzeitigen Situation.

Ich wusste immer noch nicht, wie ich – noch weit mehr ein Kind als ein Erwachsener, noch vor der Pubertät – meiner Verliebtheit in meinem Leben Ausdruck verleihen sollte. Ich wusste nun bescheid über Penis und Vagina – aber ich fühlte mich doch alleingelassen. Es war zu früh für mich, als dass es mir hätte helfen können, aber es war nicht zu früh für mich, schwer verliebt zu sein. Heute würde ich sagen, es fehlte die seelisch-geistige Komponente der Liebe, gemäß der Idee vom „spirituellen Vakuum", in dem wir leider leben und das sich in allen Bereichen des Lebens auswirkt. Wir entzaubern die Welt, wenn wir nur die materiell-biologische Seite der Dinge betrachten.

Die Erde und das Leben auf der Erde wird entzaubert, wenn wir die Ökologie nur materiell-biologisch betrachten, wenn wir nicht gleichzeitig im Blick haben, dass die Erde ein Lebewesen ist: *Mutter* Erde, Gaia. Die andere, spirituelle Seite der Dinge wird sich in unserem Handeln und Denken auswirken, so wie die fehlende spirituelle Komponente zu völlig untauglichen Handlungsansätzen führt. Am Beispiel der Ökologie ist das der CO_2-Wahn, der zu nichts führen wird – jedenfalls nicht zu einer Verringerung des CO_2-Ausstoßes. Höchstens vielleicht zu einem größeren Markt für Elektroautos – wobei nicht einmal gesagt ist, dass Elektroautos eine bessere Ökobilanz bedeuten als Autos mit Verbrennungsmotoren.

Eine Medizin, die den Menschen nur biologisch betrachtet, wird ihn nicht wirklich heilen können. Sie kann die Symptome unterdrücken, und ihm auch kurzfristige Hilfestellung bieten. Aber weil sie unvollständig ist, kann sie nicht wirklich heilen, und der Patient fühlt sich bei bester biologischer Versorgung alleingelassen. Auf gesellschaftlicher Ebene erleben wir es, dass trotz ständiger Verbesserung der biologisch ausgerichteten Medizin die chronischen Krankheiten zunehmen und die jährlichen Krankheitsbehandlungskosten immer mehr ansteigen.

Nur ein ganzheitlicher Ansatz führt zu nachhaltig funktionierenden Handlungsansätzen. Daher ist die fehlende spirituelle Komponente nicht ein Luxus für seelenheilbedürftige Mitmenschen, die einen „Ausgleich" suchen für das Leben in der modernen Zivilisation. Sondern sie ist ein Baustein für effektive Handlungsansätze, weil sie einen Teil der Realität beschreibt! Das Unterschlagen dieses Teils der Realität führt zu ganz realen Schäden, die sich – man betrachte nur das Beispiel des Gesundheitswesens – auch wirtschaftlich bemessen lassen!

Zurück zum Thema Liebe. Eine wirkliche Erfüllung der partnerschaftlichen Liebe können wir nur erleben, wenn alle drei Ebenen der Liebe zusammenfließen und ein Ganzes bilden:

➢ die biologische (sexuelle) Ebene,

➢ die geistig-seelische Ebene

➢ und die praktische Ebene des Lebensalltags.

Fast immer fehlt eine Komponente. Es ist in jedem Fall schmerzlich, wenn eine Komponente fehlt. Doch es ist sicher hilfreich, sich von einer überfrachteten idealistischen Erwartungshaltung zu lösen – und sich an den Komponenten zu erfreuen, die einem im Leben geschenkt werden. Dabei sollte man sich den Glauben an das Ideal der vollkommenen ganzheitlichen Liebe, wo alle drei Komponenten zusammenfließen, bewahren.

Manches mal erleben Liebende, dass die ersten beiden Komponenten zusammenpassen, dass aber schmerzlich festgestellt wird, dass die praktische Ebene des Lebensalltags sich nicht herbeiführen lässt. Wenn beide Teile in gewachsenen Lebenswelten leben, weit auseinander und an Aufgaben und Verpflichtungen gebunden, dann kann es auch das Resultat sein, dass sich eine Liebe nicht leben lässt – weil es vielleicht nicht sein soll. Selbst wenn die ersten beiden Ebenen zusammenpassen. Es kann sein, dass es nicht sein soll, denn gewachsene Aufgaben und Verpflichtungen lassen sich nicht einfach so beiseite wischen und sind sicher auch kein Zufall. Vielleicht ist es noch nicht an der Zeit, aber vielleicht ist man auch gar nicht füreinander bestimmt.

Dennoch muss man sich nicht unglücklich fühlen, wenn man nicht dem hinterhertrauert was fehlt, sondern für das dankbar ist, was man erleben durfte.

Es ist sehr häufig in der partnerschaftlichen Liebe, dass zumindest eine der Komponenten fehlt, eher die Regel als die Ausnahme. Es gibt sie, die Verbindung aller drei Ebenen der Liebe, aber es kommt in unserer Gesellschaft noch sehr selten vor. Sehr häufig ist es die geistig-seelische Ebene, die fehlt – in Folge des allgemeinen „spirituellen Vakuums" in der Gesellschaft. Die biologische und die lebenspraktische Ebene passen, aber durch die Unstimmigkeiten in der geistig-seelischen Ebene treten im Lauf der Zeit Spannungen auf, die zu Streit, Zerwürfnissen und schließlich zur Trennung führen können. Oder sie führen zu einem Gefühl des Unverstandenseins, das einen auch in einer „funktionierenden" Partnerschaft einsam fühlen lässt.

Wie soll denn eine Passung auf der geistig-seelischen Ebene herbeigeführt oder überprüft werden, wenn diese Ebene im sonstigen Leben nicht gelebt wird?!

Auch hier wieder zeigt sich, dass es bei der spirituellen Komponente nicht um ein hübsches Bonbon geht, das wir dem Leben hinzufügen können oder auch nicht. Es geht bei der spirituellen Komponente um Lebenstauglichkeit, weil sie einen Teil der Wirklichkeit beschreibt.

Da das Rezept für eine auf Dauer erfüllende Partnerschaft noch nicht gefunden zu sein scheint und da sich dieses Feld im Leben als so höchst wechselvoll und unsicher präsentiert, liegt doch eine sehr große Wahrscheinlichkeit darin, unglücklich zu werden, wenn man sein Glück daran bindet. Ein sicheres und ruhiges und im Leben beständiges Glück findet sehr viel wahrscheinlicher der, der sein Lebensglück nicht auf die Erfüllung in der Partnerschaft baut, sondern in sich selber findet.

Das bedeutet nicht, den romantischen Glauben daran zu begraben, dass es den perfekten Seelenpartner gibt und dass man mit ihm einmal diese „vollständige" Liebe erleben darf. Sondern es bedeutet, dass man sich in dem Sinne davon loszulösen versteht, dass man es sich bewusst macht:

Im Inneren der Seele gibt es keine Trennung.

Meditation ist das Werkzeug, das helfen kann, das Gefühl des Getrenntseins zu überwinden, zum Gefühl der Einheit zurückzufinden!

Hinter dem Konzept vom inneren Glück steht ein ganz einfacher Grundgedanke: Der Schöpfer des Universums – und somit auch der Schöpfer aller Quellen des Glücks – wohnt in uns! Das heißt, die Essenz aller Glückserlebnisse, die irgend möglich sind, ist in uns! Somit kann es kein äußeres Glückserlebnis geben, das dem inneren überlegen ist. Im Gegenteil, es ist sehr wahrscheinlich, dass das äußere Glückserlebnis getrübt ist, in irgendeiner Weise nicht vollkommen.

Da jedoch der Schöpfer aller nur denkbaren Glückserlebnisse in mir ist, habe ich *alles*, wenn ich nur *IHN* habe!

Es geht um den inneren Reichtum

Bet' und arbeit', ruft die Welt.
Bete kurz, denn Zeit ist Geld.
Volkslied im 19. Jahrhundert

So, wie die Kraft in deinem Inneren fließt,
so spiegelt sich dein Leben wider.
Je mehr Kraft du in deinem Inneren erzeugst,
desto größer und schneller werden
die Veränderungen in deinem Außen.
Sabine Sangitar, spirituelles Medium

Wir leben in einer Leistungsgesellschaft, in der Effizienz ein höherer Wert zu sein scheint als Glück. Das ‚Bete und arbeite', das Benedikt von Nursia einst in seine Ordensregel geschrieben hat, sollte seinen Mönchen eine Wegweisung bieten, das Himmelreich – oder anders gesagt: das Glück! – zu erreichen. Es ist höchst interessant, dass diese Aufforderung heute in der Regel nur verwendet wird, um an die Notwendigkeit des ‚Arbeite' zu erinnern. Das ‚Bete' wird gerne unterschlagen.

Es gilt als hübsche Zutat, die die Sache eines jeden einzelnen wäre. Das ‚Arbeite' aber hätte gesellschaftliche Relevanz, weil es allen zugutekäme.

Die ursprüngliche Aufforderung des Benedikt von Nursia enthält jedoch diese Wertung nicht. ‚Ora et labora‘ stellt sogar das Beten voran! Die heutige gesellschaftlich verbreitete Unterschätzung des Bete-Anteils ist symptomatisch: Sie drückt deutlich aus, dass die Verbindung mit dem ‚Geist‘ verlorengegangen ist, und wir keinen Zugang mehr zu dieser Ebene unseres Seins haben. Sie drückt deutlich aus, dass wir im Grunde über keine Kultur verfügen. Denn der Grundgedanke der Kultur ist es ja gerade, dass der Bete-Anteil eine ebenso große gesellschaftliche Relevanz hat wie der Arbeite-Anteil!

Halten wir uns dabei nicht an dem Wort ‚Bete‘ fest! Es geht nicht allein um das Gebet im engeren Wortsinn. Sondern es geht darum, dass es im Leben noch etwas geben muss, was den Menschen mit dem Geist verbindet: Ob es Gebet ist oder Hören einer schönen Musik oder Meditation.

Dabei leistet auch derjenige, der keine Symphonien komponiert, sondern sich zu einer Meditation zurückzieht, einen Beitrag für die Gesellschaft: Die „innere Klärung und Hebung" (Ralph Bircher), die er erfährt, wird ausstrahlen und sich auf die Gesellschaft positiv auswirken.

Was Studien gezeigt haben[4]

Im Jahr 1978 fand eine Veranstaltung statt, in der eine Gruppe von 7000 Individuen über 3 Wochen hinweg meditierten in der Hoffnung, die umliegende Stadt positiv zu beeinflussen, und dies wurde als der so genannte „Maharishi-Effekt" bekannt.
(...)

Sie konnten die kollektive Energie der Stadt buchstäblich verändern, indem während der Dauer der Meditationsveranstaltung die allgemeine Kriminalitätsrate, die Gewalttaten und die Unfälle um durchschnittlich 16% vermindert wurden.

Sogar Menschen, die nicht meditiert hatten und überhaupt keine Ahnung davon hatten, dass dieses Experiment stattfand, wurden in einer solchen Art beeinflusst, dass es eine statistische Veränderung ihres Verhaltens zur Folge hatte.

Auch die Suizidraten und Autounfälle wurden messbar reduziert, und tatsächlich gab es eine 72%ige Reduktion der terroristischen Aktivitäten während der Zeit, in der die Gruppe in Meditation war.

Eine entsprechende Studie, die in Psychology, Crime & Law *veröffentlicht wurde ergab, dass die Kriminalitätsrate in Merseyside in Grossbritannien während der Zeit, in der Menschen in grossen Gruppen meditierten, um 13% gesunken war, während eine Kontrollstadt, in der keine Menschen in grossen Gruppen meditierten, eine konstante Kriminalitätsrate aufwiesen.*

---

[4] http://transinformation.net/studien-zur-wirksamkeit-von-gruppen-meditationen/

Darüber hinaus wird sich der Bete-Anteil im Leben eines Menschen, auch auf seinen Arbeite-Anteil auswirken – er wird zu konkreten Werken führen, die nur durch die in der Meditation empfangenen Inspirationen und empfangene Kraft möglich wurden. Andererseits führt der fehlende Bete-Anteil zu den stressbedingten und depressiven Erkrankungen, die unsere Sozial- und Gesundheitskassen heute bis an die Grenzen strapazieren. Unsere Auffassung, nur der Arbeite-Anteil hätte gesamtgesellschaftliche Relevanz, ist offensichtlich falsch und spiegelt eine eingeschränkte Sichtweise wider.

Zudem leben wir ja angeblich in einer Gesellschaft, in der das individuelle Glück auch zu seinem Recht kommen darf!

Machen wir uns also bewusst: Der Bete-Anteil ist ebenso wichtig wie der Arbeite-Anteil. Das verbreitete Lebenskonzept, das sich nur auf den Arbeite-Anteil konzentriert und den Ausgleich lediglich im Konsum sucht, ist gefährlich, denn es führt folgerichtig zum „Ausbrennen", ob man das nun als Burnout bezeichnen will oder nicht.

Ein Bildungssystem, das den Menschen lediglich auf die Arbeit vorbereiten will, ist unvollständig. Es missachtet sowohl das Individuum mit seinem Recht auf ein individuelles Glück als auch einen Aspekt seiner gesamtgesellschaftlichen Verantwortung. Wenn es den Bete-Anteil nicht ebenso repräsentiert, dann fehlt ein wesentlicher Beitrag für eine friedliche, ehrliche, hilfsbereite und gesunde Gesellschaft. Hier kann es nicht allein darum gehen, Gedichte von Goethe und Schiller zu rezitieren – wenn der spirituelle Bezug fehlt, wenn die Verbindung zum *Geist* nicht hergestellt wird.

Das unmittelbarste Instrument für die Verbindung zum *Geist* ist die Meditation. Die Meditation schenkt uns die Erkenntnis: Glück kann man trainieren! Diese Erkenntnis führt uns zu der Einsicht, ,Bete' und ,Arbeite' müssen gleichwertig betrachtet werden.

Frage Dich: Wie ist es um den „Bete-Anteil" in meinem Leben bestellt? – Und nochmals die Bitte, dabei nicht ausschließlich an „Gebet" zu denken, sondern an alles, was für einen persönlich hilfreich sein kann, um die Verbindung mit der inneren Kraftquelle, mit dem Höheren Selbst oder Chi oder Schöpfergott, oder mit der Steckdose, an der man seine Batterien aufladen kann..., wieder herzustellen.

Wie es in der Einleitung gesagt wurde:

Dieses Buch ist ein Plädoyer für die Meditation, aber es möchte keine Anleitung geben für eine Meditation.

Es gibt bestimmt nicht die eine Meditation, die für alle Menschen optimal ist – möge ein jeder seine Form der Meditation finden, wie sie zu ihm und zu seinem Leben und Denken passt.

Wenn dieses Buch sein Ziel erreicht hat und etwas in Dir bewegt, möchte es Dich auf eine Reise schicken:

Auf die Suche nach Deiner ganz eigenen Form der Meditation...

Die Verbindung zum Äußeren, zum Lebenserfolg, zu allem, was wir uns ersehnen, beschreibt Dr. Joe Dispenza[5]:

Nun ist Ihr Gehirn keine Aufzeichnung der Vergangenheit mehr, nun ist es eine Karte in die Zukunft. Sie fangen dann an, ihre Zukunft emotional anzunehmen, bevor sie da ist.

In anderen Worten: Sie warten nicht auf Ihre Heilung, um sich ganz zu fühlen, Sie warten nicht auf eine neue Beziehung um Liebe zu fühlen, Sie warten nicht auf den mystischen Moment, um Ehrfurcht zu fühlen, Sie warten nicht auf den Erfolg, um sich ermächtigt zu fühlen. Das ist das alte Modell der Realität von Ursache und Wirkung, in dem wir darauf warten, dass etwas im Außen sich verändert. (...)

Wenn Sie ein neues Potential im Quantenfeld wählen können - es gibt unendlich viele Möglichkeiten im Quantenfeld – und die zukünftige Realität, noch bevor sie existiert, emotional so sehr annehmen, dass Ihr Körper als das Unbewusste glaubt, dass er in dieser zukünftigen Realität bereits in der Gegenwart lebt, dann verändern Sie allein durch Gedanken ihren Körper.

Wenn es physische Beweise gibt - neurologisch, biologisch, chemisch, genetisch – in ihrem Gehirn und Körper, dass es so aussieht, als hätte die Erfahrung bereits stattgefunden, dann entspannen Sie sich.

---

[5] Heilungsvortrag, heal summit 2018

Denn die Erfahrung wird Sie finden. Und sie wird auf eine Art kommen, die Sie am wenigsten vermutet hätten. Warum es bedeutsam ist: Sie muss auf eine Art kommen, die wir am wenigsten vermuten. Denn wenn wir sie erwarten könnten, dann wäre es nichts Neues, sondern nur ein Mehr des Bekannten.

Es muss uns unvorbereitet treffen, es muss uns überraschen, und es darf keinen Zweifel lassen, dass das, was wir im Inneren getan hatten, einen Effekt auf das Außen hatte. Und wenn wir die Veränderungen, die wir in uns erreicht haben, in Zusammenhang bringen mit dem Effekt, den wir im Außen erzielt haben, dann achten wir auf das, was wir getan haben und tun es wieder...

Joe Dispenza ist zu seinem Weg gekommen durch ein eigenes Erlebnis eines schweren Unfalls und den nachfolgenden unglaublichen Prozess seiner Heilung.

Wir fühlen die Ermächtigung, die Liebe, die Ganzheit, die Ehrfurcht in uns – dann kann es sich im Äußeren vollziehen. Wir meinen, wir lernen, wie wir Erfolg erreichen, um dadurch unser Glück zu finden. Aber die Wahrheit ist: Das bedingungslose Glück ist bereits in uns. Wenn wir uns damit verbinden, dann ist unser Leben auf die richtige Basis gestellt, und der Lebens-Erfolg wird sich einstellen.

Wenn wir uns nicht mit dem bedingungslosen Glück in uns verbinden, bewegen sich die ganzen Visualisierungs-Übungen noch auf einer Ebene, wo wir mit unserem äußeren Ego unser Leben steuern und kontrollieren wollen.

Das ist nicht der Sinn der Sache. Es funktioniert nur bedingt, es funktioniert jedenfalls nicht so, dass es uns glücklich macht.

Es ist paradox und logisch zugleich: Sich mit dem bedingungslosen Glück zu verbinden, heißt, das äußere Ego vollkommen loszulassen. Erst dann vollzieht sich "das Wunder", das wir ersehnen. Es wird uns selber überraschen, weil wir es im Voraus noch gar nicht visualisieren KÖNNEN. Nur dann gelangt unser Leben wirklich auf eine höhere Ebene, wenn wir über unsere Vorstellungskraft hinauswachsen.

Der Schlüssel ist in uns.

Mit dem Hunger nach Erfolg ist es wie mit der Lösung von schweren Lebensproblemen: Oftmals lässt es sich nicht erzwingen und es ist der beste Weg, sich nach innen zu wenden und in die Stille zu finden. Wie soll uns das Universum helfen, wenn wir nicht anerkennen und wahrnehmen, dass das bedingungslose Glück bereits in uns ist?

Wer es regelmäßig übt, sich in der Meditation auf die beglückende Ebene der Stille und Harmonie einzulassen, der stellt weniger Bedingungen an das Leben. Aber er wird vom Leben beschenkt, wie er es nicht für möglich gehalten hätte...

Seiner Bestimmung folgen

Die beste Methode, der Welt zu dienen,
ist, den egolosen Zustand zu gewinnen.
Ramana Maharshi

Viele spirituelle Lehrer fordern den Menschen auf, doch endlich seiner Bestimmung zu folgen. Wir sollen doch endlich unsere Begrenzungen ablegen, damit wir zu dem finden, für das wir auf diese Erde gekommen sind. Oft ist damit auch verbunden, dass wir nicht mehr viel Zeit haben – weil die Endzeit gekommen ist, oder weil die Zeit unseres Lebens ja sowieso endlich ist.

Das ist sehr wichtig, dass wir diese Impulse erhalten. Es ist ein Weckruf, der uns leise erahnen lässt: Es gibt da noch mehr! – Es gibt da noch mehr im Leben, was entdeckt, gefunden, gelebt werden will! Es ist aber auch ein Weckruf, der uns ganz schön unter Druck setzen kann...

Ja, er kann sogar Ängste in uns entstehen lassen! – Die Angst zu versagen, die Angst, an unserem „eigentlichen" Leben vorbeizuleben, die Angst, zu der „eigentlichen" Mission unseres Lebens nicht rechtzeitig zu finden... Es gibt sogar spirituelle Lehrer, die gezielt diese Ängste ansprechen und gegenüber ihren Schülern betonen, sie haben Gott vor ihrer Inkarnation ein Versprechen gegeben, das sie einhalten müssten, sie hätten einen Auftrag in dieser Inkarnation, den sie erfüllen müssten – ja, und wenn nicht, dann müssten sie viele, viele Leben „abtragen" und in niedersten Verhältnissen leben usw.usf. ...

So weit gehen manche, aber so weit muss es ja gar nicht gehen. Allein diese Aufforderung, „seiner Bestimmung

81

zu folgen" setzt uns ganz schön unter Druck. Ja, was haben wir denn bisher gemacht? War alles nur Murks, was bisher in unserem Leben passiert ist? Haben wir bisher nur an unserem wahren Plan vorbeigelebt? – Das allein ist schon Druck.

Die Wenigsten „kennen" ihren Plan, oder anders: Ich kenne keinen, der seinen Plan kennt, und der wüsste, was seine Bestimmung ist! Ich kenne Menschen, die sich mit dem, was sie tun, wohlfühlen und die sich mit dem, was sie tun, weniger wohlfühlen. Aber allein diese Grundannahme, wir würden mit dem, wie wir bisher gelebt haben, nicht unserer Bestimmung folgen, ist doch eine große Verunsicherung – da wir ja in der Regel unsere wahre Bestimmung nicht kennen. Dürfen wir denn gar nicht mehr auf unser Gefühl hören, mit was wir uns wohlfühlen und mit was nicht?

Hier haben wir einen ganz schönen versteckten Angriff auf unsere Integrität. Es ist eine wichtige und wunderbare Lebensaufgabe, seine Bestimmung zu finden. Aber die Grundannahme, von der wir ausgehen, muss doch erst einmal lauten: „Ich bin okay, so wie ich bin". Wir sollten uns klarmachen: „Ich habe bis jetzt sehr hart darum gekämpft, meinen Platz in diesem Leben zu finden". Denn kämpfen wir nicht alle ständig hart darum, unseren Platz hier in diesem Leben zu finden? Darum: „Es ist okay. Ich habe durch alles was ich bisher getan habe, wunderbare Voraussetzungen dafür geschaffen, nun den nächsten Schritt zu tun! Gott liebt mich, so wie ich bin!"

Wir dürfen uns nicht unter Druck setzen lassen.

Und wir brauchen keine Angst haben, wir würden unser Leben versäumen, wenn wir nicht…

- endlich den Jakobsweg gehen…
- oder uns endlich nur von Rohkost ernähren…
- oder endlich unseren Nine-to-five-Job aufgeben und eine eigene Firma gründen…
- oder uns endlich eine Charity-Aufgabe für notleidende Menschen oder Tiere suchen…
- oder, oder, oder…

Was sind denn das alles für überzogene Vorstellungen? Wir selber kennen unsere Bestimmung nicht – und: ein Anderer erst recht nicht! Es gibt nur eine Bestimmung, von der ich ganz fest glaube, dass sie für alle Menschen gilt: glücklich zu sein. Glücklich zu sein, ist unsere wahre Bestimmung. Und keiner hat uns vorzuschreiben, was uns glücklich macht. Das dürfen wir uns ja wohl selber aussuchen, liegt ja wohl in der Natur der Sache…

Für manche Menschen gibt es einen bestimmten „Auftrag", mit dem sie in diese Inkarnation gegangen sind. Denen wird er ganz sicher im Laufe ihres Lebens in einer Weise mitgeteilt werden, dass es keinen Zweifel gibt. Ansonsten kann nur ganz allgemein gesagt werden, unsere Aufgabe ist es, den „Inneren Weg" zu gehen:

unseren eigenen seelischen Fehlhaltungen und Fehlprogrammierungen auf die Schliche zu kommen, die uns davon abhalten, zum inneren Glück zu finden.

In dieser kleinen Broschüre habe ich meine tiefempfundene Erkenntnis zum Ausdruck gebracht, dass das Glück in uns ist, in jedem Menschen, es ist unser wahres inneres Wesen. Ich empfehle darin die Meditation. Vielleicht bin ich ja damit auch wieder nur einer, der Dir seine Vorstellung von dem nahebringen will, womit wir unsere wahre Bestimmung erfüllen? Muss man ja auch nicht, meditieren. Doch lass mich mal aufzeigen, was das Gesamtbild von diesem Vorschlag bedeutet und worin sich dieser Vorschlag sehr von den üblichen Vorstellungen, wodurch der Mensch angeblich seine Bestimmung erfüllt (wie oben in Beispielen aufgeführt), unterscheidet.

Der Hauptpunkt ist: Das Augenmerk liegt gar nicht darauf, dass der Mensch, irgendetwas Besonderes tun müsste. Es geht gar nicht darum, dass der Mensch irgendwie seine Lebensverhältnisse ändert, aussteigt, zu Fuß um die Erde wandert, seine Partnerschaft auflöst (weil ja angeblich zum Beispiel der Partner einen von seiner wahren Bestimmung abhält...), oder eine künstlerische Ader entdeckt, oder den Obdachlosen im Winter warme Decken bringt – oder, oder, oder... – Es geht gar nicht darum, dass der Mensch seine bisherigen Lebensverhältnisse infrage stellt. Ja, es geht noch nicht einmal darum, was der Mensch tut. – Es geht nicht darum, Du müsstest „endlich" irgendetwas anders machen! Du musst gar nichts anders machen!

Hier geht es nur darum, höre endlich mal in Dich hinein. Wenn uns die neuen Impulse in die wahre Bestimmung führen sollen, dann kommen sie aus dem Inneren, von nirgendwo anders. Widme ein Stück Deiner Zeit Dir selber.

Wie auch immer Deine Lebensverhältnisse sein mögen. Wenn sie nicht geordnet sind: Na ja, dann spricht ja wohl kaum was dagegen, dass Du mal in Dich reinhörst. Und wenn Deine Lebensverhältnisse geordnet sind: Na ja, dann darfst Du Dich auch mal dazu beglückwünschen, und es Dir selber anerkennen, dass Du wohl ein paar gute Schritte getan hast und damit gute Voraussetzungen geschaffen hast für die Meditation. Du hast einen Nine-to-five-Job? Du hast

Dein Auskommen mit Deinem Einkommen? Du hast einigermaßen Frieden zuhause? – Das ist doch prima! Wir sollten endlich mal diesen irrwitzigen Druck loslassen, wir müssten etwas Besonderes tun, um unsere Bestimmung zu erfüllen. Müssen wir gar nicht. Die größte Begrenzung, die wir abzulegen haben, ist ja, dass wir einfach nicht die Dinge so annehmen mögen, wie sie sind...

Lassen wir doch erstmal unsere Lebensverhältnisse so, wie sie sind, und schenken wir uns mal 'ne Stunde Zeit. Hören wir in uns rein. Meditieren wir, evtl. bei einer harmonischen Musik. Spüren wir unserem Leben nach. Finden wir zum Schöpfergott in uns. Dem Schöpfergott zu dienen, ja, das ist unsere wahre Bestimmung. Aber dazu müssen wir Ihn erstmal spüren! Den Schöpfergott in sich verspüren, was heißt das?

– Es bedeutet Frieden, Liebe, Angenommensein... Es ist ein so wunderbares Gefühl, das da in der Tiefe unseres eigenen Wesens auf uns wartet. Aus diesem Gefühl heraus des Angenommenseins, der unmittelbaren Erfahrung, dass der Zirkus des Zeitlichen ja eitel ist, aber dass es eine Ebene gibt, die über dem Zeitlichen steht – aus diesem Gefühl heraus erwächst eine Liebe. Und diese Liebe wird uns dann sagen, was wir in unserem Leben zu tun haben.

Wenn wir auf der Ebene des Tuns herausfinden wollen, womit wir unsere Bestimmung erfüllen – dann fügen wir dem Zirkus des Zeitlichen nur eine weitere Facette hinzu.

Lassen wir das. Hören wir in uns rein. Meditieren wir. Finden wir zu uns selbst. Tief in uns. Dann ist die Bestimmung des Lebens erfüllt. Und aus dieser Erfüllung heraus leben wir.

Anhang: vom Autor erschienen

- *Die stille Revolution* – Gedichte,
  Eigenverlag, 1994

- *gesund sein bis ins hohe Alter* – Sachbuch,
  Ulmer Verlag, Tuningen, 1999

- *Roh macht froh!* – Sachbuch,
  Mauer Verlag, Rottenburg, 2007

- *Lebensreform heute* – Sachbuch,
  Books on Demand, Norderstedt, 2009

- *Kreislauf des Lebens* – Gedichte,
  Books on Demand, Norderstedt, 2009

- *Karol, der Weißmagier* – Esoterischer Roman,
  Books on Demand, Norderstedt, 2010 / erweiterte
  Auflage 2013

- *Der Vollwertweg* – Sachbuch
  Books on Demand, Norderstedt, 2010 /
  erweiterte Auflage 2014

- *Christus wiederentdecken*
  – Weltanschauliche Gedanken,
  Books on Demand, Norderstedt, 2014,
  enthält:
    - *Christentum und Erleuchtung*, 2009
    - *Seva, Bhakti und Ahimsa*, 2011
    - *Nachfolge mit Herz und Kopf*, 2012
    - *Jahwes Ebenbild*, 2013
      (enthält eine Anleitung für eine Meditation)

- *Christliches Yoga* – Sachbuch
  Books on Demand, Norderstedt, 2016